隨時說再見 隨時再相見

李維文 著

學會斷捨離，
開啟相互享受而不相互拖累的交友人生

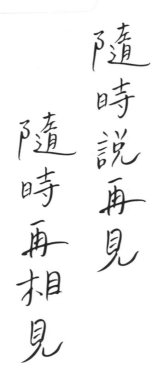

每個人的社交人數上限為一百五十，
深入交往、持續追蹤的人數為二十左右。

——羅賓・鄧巴（牛津大學人類學家）

前言

生活就是一個不停地遇見新人，又不斷地與舊人分離的過程。我們希望遇到更好的人，也渴望自己變得更加優秀。但在現實中，卻經常面臨諸多困擾。

加班到很晚的你，坐了一個小時的地鐵才疲憊不堪地回到家中，此時心裡只想趕緊漱洗完就睡，因為明天還要上班，但突然有人打電話來，說想介紹一個新朋友給你認識。本想直接拒絕，可是念頭一轉，還是去交際一下吧，說不定哪天派得上用場，畢竟多個朋友多條路，於是你放棄休息時間，選擇赴宴。聚會很成功，也達到目的，代價卻是少睡三小時。

好不容易爬起床來到辦公室，工作堆積如山，手機突然響了，一個久未謀面的朋友找你：「有時間嗎？陪我聊幾句吧！」你當然沒時間。但礙於「不要拒人於千里之外」的想法，還是放下手邊的工作，和他一聊就是半個小時。他開心滿足了，你的事情卻耽誤了。

工作中總有同事在添亂，有意識或無意識地扯後腿；生活中也經常會有朋友三不五時製造各種麻煩。你並不怕得罪他們，只是不想毀了自己經營許久的好形象，因此忍氣吞聲，逆來順受。

作為高度社會化的動物，我們從出生開始，便時時刻刻與他人有所連結，社交對人類來說，和衣食住行一樣重要，各類族群無不渴望擁有優秀的人際關係，希冀讓生活變得更好。但事與願違，隨著朋友圈的擴大，我們的「人生狀態」反而迅速下滑。結交新人、維持舊人，以及參加各種毫無意義的應酬，使得原本用來做事的時間越來越少，而把大部分精力虛擲在無效社交上。

在三十歲之前，我像許多年輕人一樣，將社交當作人生成長的重要驅動力，抓住一切機會結交朋友，經營人際關係。我把大量時間投入其中，放棄自我提升，相信人脈萬能，希望躋身「上流階級」，並樂此不疲。例如，活躍在各式各樣的社交平台，參加形形色色的聚會場合，耗費資金打點和維護關係。

當社交占據我大部分的時間時，我感受到的不是成功的喜悅，而是空虛和迷失。當我以為人脈可以搞定一切時，現實卻告訴我，社會的本質其實是「能者為王」：一個人沒有能力，所謂的人脈也發揮不出多大的作用。

直到有一天下班回家後，我脫離社交網路兩個小時，並認真地看了一本書，那本書給了我強烈的震撼。書中講的是一個十二歲的男孩，離開學校獨自乘坐火車遠行的故事，那是他第一次出遠門，也是第一次離開生活許久的群體。在火車上，他獲得從未有過的體驗，並感受到自由。

這兩個小時成了我人生的新開端，從此以後，我每天都會有計畫地「失聯」，主動創造「獨處時空」，尋找自我。這期間不接觸、不聯繫任何人，與社交活動「絕緣」。我開始減輕自己的社交負擔，改變過去的社交模式。

第一步，重新規畫自己的假期。過去，每到國定例假日，我們總是習慣聚在一起，呼朋喚友到處走走，或參加大型娛樂活動。這樣的節日安排，與其說是度假，不如說是在令人筋疲力盡的社交聚會裡湊熱鬧。但現在，假期成為我和家人團聚的日子。我關掉手機，然後盡情地安排真正想做的事：提升自己。我把在休假期間做「大家都在做的事」變成做「我自己喜歡的事」。

第二步，拒絕大部分的邀約。當有人在「我的時間」邀我外出或參加活動時，我會立刻回覆：「不好意思，我還有更重要的事情。」拒絕是一種高明的社交技巧，比接受更重要。為了從不必要的應酬中，奪回屬於自己的時間，我們必須馬上拒絕，如果露出絲毫「考慮一下」的態度，最後終究避免不了接受邀請，如果接受後再拒絕的話，勢必影響你和對方的關係。

第三步，戒除每天確認和回覆郵件，及任何社交工具的強迫症。過去我的手機一天二十四小時開機，生怕錯過任何一條資訊。每條新資訊我都會閱讀，哪怕是無關緊要的垃圾訊息。這耗費我大量的時間，還讓我的注意力無法集中。現在，我養成一個新的習慣：每天在兩個固定的時間點處理外界資訊，對工作郵件和其他訊息，都採取固定時間統一閱讀、回覆的策略，這種有序的時間安排，讓我獲益良多。

第四步，整理通訊錄並調整社交策略。過去我對新朋友來者不拒，對交際抱持「多多益善」的態度。結果通訊錄變得更加「臃腫」，除了讓應酬時間變長、手機話費增多外，於生活和工作並沒有任何幫助。而現在，我已刪掉三分之一的號碼，並對餘下的聯絡人做了歸類，劃分他們的重要等級。

多年從事公關事務和研究人際關係的經歷告訴我：一個成功的人，首先要有高效社交的能力。我們不可能平等地對待身邊每一個人，譬如今天計畫見誰，每隔多久時間「維修」一次人脈，這無法成為一種固定而有效的模式。因為有的人需要你「悉心照料」，有的人則不值得你花費時間、投入資源。

例如，在不清楚你對他是否有用，甚至在你落魄失意的時候，仍然願意犧牲時間、金錢和精力來幫助你的人，就是「恩人」，是你需要重點經營的社交對象。

對於那些有利則來、無利則散的人，我們要收回自己的資源，並將這些時間用來提升自己。

能力是一，人脈只是後面的零。根據這個公式，我們能力越強，人脈的價值就越大。反之，如果能力是零，那人脈也就沒有什麼作用。對人際關係進行「斷捨離」是人生的常態，人們應該在社交中互相評估和選擇，並不斷地成長。**我們需要的不是加法（過度社交），而是加減平衡（有效社交），這才是正確的方向。**

在本書中，我將分別從「停止過度社交」、「減輕社交負擔」、「能力是一，人脈是後面的零」這三大部分，闡述高效社交的實現過程及注意事項。第一部分用來分析過度和無效社交，對我們會產生多大的危害；第二部分詳細地討論社交的本質，以及如何保留優質人脈，和對人際關係進行「斷捨離」的原則；第三部分重點講述此書的宗旨和目的：先提升能力，再打造人脈，要懂得享受孤獨，只有讓自己成為一個優秀的人，才能擁有高品質的人脈，實現能力與人脈的雙贏。

目錄 contents

PART 1
打破迷失　請停止過度社交

PART 2

減輕社交負擔　交心的朋友幾個就夠了

PART 3
自我提升　能力是一，人脈是後面的零

Part 1

打破迷思
請停止過度社交

第一章

過度社交正在「謀殺」我們的生活

隨著朋友數量增多，
社交活動日益頻繁，
應酬占據了生活中大部分的時間，
但詭異的是，
卻很難和少數、
優秀的朋友產生深度互動，
彼此也不容易建立信任關係，
於是孤獨感油然而生。

時間都去哪兒了？

國外一項關於人們使用社群媒體時間的研究發現：即便以保守的數據計算，每個人一生中花在上面的總時數，至少達到了五年又四個月，這比使用在吃飯的時間還長。其中，每天在臉書（Facebook）要花掉三十五分鐘（這個數字正飛快增加），於沙拉布（Snapchat）也要耗時二十五分鐘。算起來，現代人一天「照顧」這兩種社交工具的時間，足足有一個鐘頭。

耗費這麼長的時間成本，無一例外都是在社交：聊天、分享資訊、交新朋友、維持關係，順便玩遊戲。從打開手機的那一刻起，時間就啟動了加速模式。你以為這些時間都是拿來做所謂的正事，其實非也；在這個過程中，你完全沒有意識到自己浪費時間的行為，總是在事後才發現，原來與社交沒有多大關係。

越來越多的社群媒體，占據了你大部分的時間，讓你沒有機會思考，真正對生活有意義的問題。

不是在交朋友，就是在交朋友的路上

「微信之父」張小龍曾說，微信耗掉人們太多的精力。他毫不避諱地指出，微信用戶的使用頻率太高了，脫離原本把它開發出來，用於協助人們高效社交的目的。張小龍還認為，朋友圈裡的無意義資訊太多，缺乏實質性的作用，卻讓許多人深陷其中。也就是說，我們在社交工具上花了大把時間，但人際互動的效果卻不如預期，這種感覺是很糟糕的。

我們為何如此執迷不悟，把寶貴的時間虛擲在社交上？

第一，認知不正確，覺得朋友多好辦事。「社交決定一切」的錯誤觀念，讓人把主要精力放在結交朋友而不是自我提升上。這種對社交的誤解，扭曲其既有的文化。出於功利的目的交友，使得「社交」這個詞逐漸變味。

第二，害怕孤獨。許多人受到性格、家庭等因素影響，內心有深深的孤獨感，對朋友有很強的依賴性。他們離不開別人，需要他人的肯定，才會有存在感和安全感。

第三，受到環境和工作的影響。如果我們所處的環境、從事的工作，對人際關係十分仰賴，那麼社交就成了必須優先考慮的事情，它會迫使我們在這上面投入更多的精力。

第四，「上升焦慮」所導致的過度社交。現代人普遍存在這種焦慮感，因為房子、車子、好工作以及子女的教育等，均處於一種過度競爭的狀態。為了不落於人後，便在社交上下功夫。他們想交到更「有力」的朋友，好讓人際關係成為自己上升的助力。

人們常說：「應酬不是萬能，但不懂應酬是萬萬不能。」這是應酬專家用來安慰自己和別人的說辭。上次聽到這句話時，我正準備走進辦公室，開始新一天的工作，大樓裡交誼廳的一位經理，就在對他的下屬如此諄諄教導，要求他們務必專心學習社交禮儀，學會和別人聯絡感情，增加朋友儲備，用工作之餘的應酬打好關係。不過，問題恰恰出在這句話上。他們寧願將大部分時間用於社交，也不想在能力的提升上更用心一些。

問題一：三十%的時間是「百分之百的社交狀態」

芝加哥一家研究人力資源的機構主管格瓦萊斯，曾為我提供了一份報告，說全球網路每三分鐘就有一分鐘，被用在社交或與社交相關的事情上。「社交就像吸毒一樣，會讓人沉溺其中，一種愛好一旦流行，就會以驚人的方式複製傳播，例如『即時通訊』。」他說，「現在的年輕人離開即時通訊，幾乎活不下去，包括瀏覽網路、分享資訊、聊天、影音及免費電話等，這些重複且無意義的行為卻充滿快感，支撐著人們度過每一天。」

這份報告覆蓋全球五十億人，印證現代人對社交的錯誤理解——朋友越多越好，交際時間越長越有利。例如，城市群體中九十四%的人至少有一個社交帳號，而像紐約、東京、巴黎、北京、上海、深圳等發達城市，每人平均有六個社交帳號。人們過分依賴人脈，以為社交連接點越多，對自己越有價值。一旦有機會哈啦，他們就百分之百地處於這一狀態中，即使無聊透頂，也表現得興致高昂。

問題二：八十%的應酬都是無效投入

萬事起頭難，我剛開展自己的事業時，可以說是孤軍奮戰，舉步維艱，因此也罹患過社交焦慮症。一位朋友曾和我說：「想成功就得多交朋友，多應酬，多和人吃飯。」為了拓展客戶，我一天只睡五個小時，起床後的第一件事就是打電話，從熟人到陌生人，不錯過任何號碼。這麼多通電話，不是推銷我的產品或服務，而是定期進行「問候」，加深感情，在「關心」的過程中，也希望順便做幾筆生意，得到幾個潛在客戶。

那時，網路還沒興起，智慧手機尚未問世，即時通訊不知道在哪裡。我隨身攜帶一支能砸開核桃的諾基亞手機，專心致志地開展我的「社交之旅」，有時一天要聯絡四十多人，吃飯、聚會、討論，還要擠出時間見見生活周遭的朋友，再透過他們結識更多的人。我把交際視為自己事業取得成功的關鍵。

我一個人在國外，舉目無親，自行奮鬥，能夠依靠的僅有一本厚厚的通訊名冊。我要從中積攢對自己有用的關係，為自己的將來打好基礎。

人們都說，沒有交際，做什麼都不會成功。要成功，就要先交際。這個說法是對的，但如果不懂得有節制、有規畫，那交際便成了無效的消耗性行為，你會發現自己八十%的應酬都產生不了任何價值，社交損益表上的收入將永遠是零。

當一個人在應酬上過度和無效投入時：

① 他大部分的時間不是打電話，就是發訊息，或者參加各種活動；

② 他有很多朋友，但七十%的名字記不住，即便昨天還一起吃飯，印象也已模糊；

③ 他對社交有強烈的危機感，一天不應酬，便感覺自己被世界拋棄；

④ 他滿腦子都是人脈、工作、行銷之類的念頭，沒有時間深入思考這些人對自己到底有什麼幫助，以及和他們交往究竟有何必要。

兩三年後，我的事業有了一定的基礎，便開始嘗試將工作分配給別人處理，這才有時間坐下來總結過去的生活模式。我驀然發現，大量的社交應酬在我的事業發展過程中，並未發揮預期作用。比如，優質的客戶大多會根據產品的口碑主動上門，有九十％的合作，其實僅用了一通電話或一封電子郵件便搞定，餘下的時間，絕大部分被丟到「自以為十分重要」的各式社交活動中。過了很長時間之後，我發現最大的收穫僅僅是鍛鍊了口才，並沒交到多少可靠、優秀的朋友。

社交成癮，正在「謀殺」我們的生活

時間的流逝是無聲無息的，甚至會讓人習以為常，我們意識不到無效社交，將時間逐漸變成零產出的消耗品，而且侵蝕到有效社交的時間，增加未來社交效能的成本。

有一次，公司在廣州召開一場商務會議。晚宴時，我正好坐在廣州分公司韓總的旁邊，一巡酒過後，韓總接到了妻子的電話。他皺了皺眉頭，拿著手機扭過頭低聲說：「親愛的，怎麼又打電話呢？我得晚點回家，今天公司有非常重要的活動。」這時客戶向他舉杯，他立刻將電話掛斷，接著暢飲。五分鐘後，電話又響了。韓總不耐煩地說：「你別再碎念，我吃完飯就回去。」說完就關機了，他嘆了口氣對客戶說：「讓大家見笑了，內人總是在我應酬的時候胡攪蠻纏，今天一句為了家庭，明天一句替她想想，但天天待在家裡能有什麼出息？」

客戶哈哈大笑，我卻不知道該說什麼。飯局結束後，韓總又拉著客戶去唱歌，和他的「新朋友」玩到凌晨。但這筆生意最終沒有談成，韓總與他的「新朋友」也不再聯絡，就像什麼事都沒有發生過一樣。唯一確定的是，他和妻子的感情，再一次受到傷害。

為了工作被迫展開交際是可以理解的，但我們也應該明白，在網路革命引發的新型社交形態中，沒必要以如此低效的社交方式，毀掉自己的生活。就像韓總，他每周花在應酬上的時間，就長達三十多個小時，為了拚工作完全不顧家庭。他才三十七歲，卻已經離過四次婚，恐怕與此不無關係。

朋友很多，但仍然孤獨

有個從事銷售工作的好友，在朋友圈裡發過一句話：「我發現我的朋友特別多，可是我一點兒也不快樂，每到夜晚就很孤獨。」優秀的銷售人員從來不缺朋友，他們交際廣泛，人緣極好，應酬也多，但這些朋友對他們的幫助，只限於工作方面。不知道大家有沒有想過這個問題——我們日復一日地建設社交圈的目的是什麼？

如果你用來交際的時間裡，被塞進太多的「垃圾」，如缺乏深度交流的客戶、僅在吃喝時能見到的酒肉朋友等，這類低效的社交圈就像大都市的交通，壅塞不堪，勞心勞力，又沒有效率。任何一個正常的人，都不樂見這樣的情形發生。

天天和朋友聯繫，為何仍孤單寂寞？

哈佛大學有過一堂特別的公開課：我們和朋友保持著密切聯繫，但為什麼仍感覺孤單寂寞呢？課程的主講人說：「你有數百名聯絡人，他們頻繁地與你聯繫、聊天、吃飯，可是你的孤獨感依舊揮之不去，這是因為你從未學會面對孤獨。為了安慰自己，只能透過社交軟體尋求別人的關注。這種交流讓人產生一種錯覺，覺得自己與他人建立連結，因此並不孤獨。但在這種無意義的行為過後，內心產生的空虛感反而更強烈了。」

近十年來，社交工具取得革命性的突破，使得我們能透過網路，與世界上任何一個角落的人取得聯繫。今天的社交，呈現出流水線般的運作模式，大家不是在結交朋友，而是在大量地「製造」朋友。可以說，交友的成本比以前大幅降低。

打個比方，作為即時通訊的新用戶，也許你註冊的第一天，只有三個聯絡人，分別是伴侶、死黨和同事，但第二天、第三天，這個數字就可能變成三十，到第十天，或許會成為三百。到最後，你會發現通訊錄像一個自動增生的怪物，為你添加許許多多的聯絡人，但他們大部分都很沉默。即使偶爾聊聊天，也都是說些可有可無的話，只能達到打發時間的作用。

透過網路，我們的朋友越來越多，友情的味道卻越來越淡。頻繁的聯絡不但沒有增加滿足感和安全感，反而讓「朋友」二字的重量越來越輕了。

所有不能深度溝通的社交都是無效的

在一家科技公司工作四年之久的于先生，也對自己的社交狀況感到很苦惱：「誰才是真正的朋友呢？」他覺得自己的朋友很多，卻沒有一個人能消除他孤獨的情緒，他也沒有找到知己的感覺。例如，當情緒低落時，遍尋不著能打電話談心的人；遇到困難時打開通訊錄，卻沒有人是他可以毫不猶豫求助的對象。他的通訊錄裡有八百多人，除了父母，就連偶爾能和他交心的人都找不出一個。

二〇一四年，我們的研究小組花費三年的時間，進行了一場名為「社交溝通指數」的調查。為了保證資料的真實性，我們選擇向每一名受訪者，在不同的時間內發送三次相同的問卷。

問卷中共有四個問題：

①你有多少個每個月至少聯絡一次的朋友？

②你有多少聯絡人在通訊錄中長期閒置？這些人占了多大的比例？（超過三

個月未聯絡）

③你隔多長時間參加一次社交聚會？（不包括親人的聚會）

④你經常有孤獨或無人理解的感覺嗎？（在朋友很多的情況下）

這份問卷發向世界各地的大學、企業、行政單位的郵箱中，透過回覆進行分析之後，我們又根據其他調查（年輕人社交頻率、人均朋友數），綜合得出這樣一個結論：朋友的數量與幸福感的關係並不成正比，而是成反比。朋友越多，幸福感反而越低。

這很清楚表明，即便有很多朋友，也不代表一定就是幸福的。因為隨著朋友數量的增多，社交活動必然日益頻繁，這時應酬（與朋友聯絡）便會占用大量的時間。你在眾多朋友間平均分配精力，和每一個個體的交流時間自然就減少了。因此很難和少數、優秀的朋友產生深度互動，彼此也不容易建立信任關係，於是孤獨感油然而生。

研究顯示，我們和朋友的關係，隨著時間的延長總是呈現出這種趨勢——交流越來越少，逐漸變得因「不能互相理解」而產生分歧。

1. 化解孤獨感，需要的是深度溝通

人們都希望擁有優質社交，但優質社交最大的特點是什麼？不是聯絡多麼頻繁，也非相處時多麼自然，而是溝通足夠深入。沒有深度的溝通，我們和朋友就缺乏彼此的理解；沒有充分的理解，朋友之間就缺少堅韌的紐帶。每當夜晚來臨時，那種深入骨髓的孤獨感也會由此而來。

華爾街有位著名的投資人說：「我的生活是豐富的，四處參加座談、聚會，一天見上百人，推杯換盞，暢談生意，這些讓我有一種贏得世界的勝利感。但凌晨回到家中，才發現事實並非如此。這時的我獨處一室，孑然一身，陪伴自己的只有一杯酒、一支菸，那種強烈的空虛感是無法迴避的。」

想要在社交中化解孤獨感，我們就要注重溝通深度，避免掉入「只社交不溝通」的狀態。透過有目的、有實效的溝通，不僅能交到更好的朋友，還能將這些朋友變為堅不可摧的後盾。與過去理論不同的是，現在我們主張以效能為原則，而不是以人數為目標。當你開始重視社交效能時，必然會將溝通的品質放到重要的位置上。

2. 認清朋友的本質，放棄「數量戰略」

「數量戰略」是錯誤的，結識的朋友越多，內心的壓抑感和孤獨感就越強烈。當你背負沉重的生存壓力，內心累積許多負面情緒時，想找個人傾訴，卻發現通訊錄中竟沒有合適的人。那麼多名字排列在眼前，此時反倒是一無是處。你嘆口氣，放下手中的電話，但你看到問題的本質嗎？還會盲目地社交嗎？一個能在關鍵時刻起作用的朋友，遠比一百個「按讚之交」更為重要。前者為我們提供寶貴的人生正能量，後者卻只能用來打發時間。

簡言之，減輕社交負擔和社交升級的第一步，就是要認識到「數量戰略」是錯誤的。隨著被動社交的活躍，我們在生活中的孤獨感會越來越強，而這絕不是靠增加朋友的數量或社交的次數就能解決的。糾正過去的思路，重視品質，才能逐步改善我們當前的社交窘境。

人脈豐富，依舊寸步難行

為什麼別人很少應酬依然順風順水，而你作為「社交高手」卻舉步維艱？因為你的方法是「高投入零產出」，看似熱鬧，實際上根本沒什麼價值。

強連結與弱連結

劉軍在一家外貿公司從事銷售工作。大學畢業七年來，一直生活在同個城市，已經是半個在地人了。他今年三十歲，按理說正處於事業向上發展的時期，不料卻遇到瓶頸。

他感慨地說：「我是一個喜歡交朋友的人，大學時就組織過一個社團，和學長、老師、校方的互動都非常好，畢業後來到大城市發展，繼續努力打造絕佳人緣。我從不得罪人，對任何人都客客氣氣，很尊重。這樣做起初效果不錯，同事、客戶對我的印象都說讚，主管也提攜有加，工作一帆風順，但最近卻發現不對了，我似乎一夜之間就回到從前，做事再也找不到一個人幫忙。」

事情的原委是：劉軍所在的部門總監離職，公司需要從內部提拔一個可以勝任的人，身為部門副座的他正好符合條件。從能力上來講，劉軍進入公司以來可謂兢兢業業，業績突出，幹勁十足；從人品上而言，他熱心助人，毫不藏私，從沒違反過公司規定；人緣就更不用說了，他向來與人為善，從沒有人說他壞話。

和劉軍相比，另外兩名競爭對手在這些方面，明顯就差了一截。他覺得自己勝券在握，但結果卻跌破大家眼鏡，那個最讓他感冒的傢伙，竟成了前總監的「接班人」，搖身一變成為他的新上司。

「為什麼會這樣？」提起這件事，他百思不得其解，為何平時的好人緣，並沒有轉化成自己關鍵時刻的助力。

我告訴他：「這並不是那些『背叛者』的原因，而是你對人際關係的定位有偏差，一廂情願地認為自己認識的人多，就一定能在需要時派上用場。但你是否考慮過，他們為何要幫你呢？僅僅是因為你能力強、人品好、人緣佳嗎？不，這些只是你的優點，並不具備足夠的說服力，雖然你朋友很多，可是你卻沒有和他們建立一種強連結。沒有強連結，他們憑什麼在利益相關的事情上站到你這邊？」

他問：「什麼是強連結？」

「『強連結』就是確立了互利互惠的內在邏輯連結，這樣的關係才能在關鍵時刻對你有幫助。也就是說，你在生活和工作中淺嘗輒止地認識許多人，但這些人並不能算作人脈；你時常和一群不太熟悉的人吃飯喝酒、稱兄道弟，這些人也不能算作人脈；你和同事、客戶只談公事，不談真情，哪怕一起吃過再多的飯，他們照樣也不能算作人脈。這些都是低效能的社交。只有願意和你主動交流，有意互相扶持、共同成長的，才是合格的社交關係，是你需要把握的高效能社交成果。」

因此，別再覺得簇擁在自己身邊的那些同事、好友，就一定是社交中的「正向收益」，會在你需要時貢獻他們的力量，這只不過是一種錯覺。如果你還是局限於以交友的數量為榮，不妨想想一旦你也遇到劉軍所遭遇的局面，自己可以從社交圈中得到多少幫助？

為什麼別人順風順水，關鍵時刻總有貴人幫助，而你卻沒有？仔細想想，自己的朋友是不是只有數量，沒有品質呢？

打開我們的「價值視野」

在宣導社交升級時，我總會提到「價值視野」這個名詞。當你打開社交的窗戶往外看時，你的價值視野在哪裡，有多大，就決定了你將採取的社交模式是怎樣的，和它能帶來多大的效果，這就是視野的價值。具體如下：

第一，以「價值互換」為指導原則，尋求能互相促進並成長的關係；

第二，讓社交發揮開闊視野的作用，而不僅僅是多認識幾個人。

例如，在網路公司擔任過產品經理的人，一定會有這種經驗：我有一個好主意，為什麼就無法推行呢？因為和我配合的同事，價值觀跟我不匹配，他有他的想法，我有我的主張，彼此無法融合。更糟的情況是，他有比我更合適的合作夥伴。一家公司的產品部門，有那麼多的新想法產生，不考慮其他因素，你會把時間和精力分給和自己很熟、價值觀匹配的A，還是完全相反的B呢？價值是其中的一個決定性因素。你認識那麼多人都賣不掉自己的想法，核心問題是價值不能被對方認可，反過來也一樣。

你再看看那些成長得比你快的同年齡層，他們的朋友是不是就比你多呢？答案恰恰是相反的。他們可能只認識少數人，但這些人認同他們的價值，並且有實力幫助他們實現價值。據我研究，一個人只需要和五個高品質的朋友建立高價值連接，就能實現社交的質變，從而提升自己的層次。

那麼，如何透過這種方式開拓我們的「價值視野」呢？

首先，分析一下自己當前社交的價值關係，也就是為自己建立一個「社交價值模型」。這個模型包括三個指數：第一，價值貢獻指數：輸出和接收的價值之比，數值越大，則說明你在社交中對別人越重要；第二，單位價值指數：關係數量與社交價值總量之比，數值越小，則代表你的社交圈品質越高；第三，時間價值指數：投入社交中的時間與社交價值總量之比，數值越小，表示你的社交效率越高。這三個指數可以量化我們的社交狀態，一目了然發現問題。

其次，確認並制訂一個優化計畫。在羨慕那些擁有優質社交關係的群體時，針對三個指數中的弱項制訂計畫：我哪裡做得不對，要如何改進，需怎樣評估效果，這是由問題延伸出來的問題。你可以先分析一下自己的生活關係，再去整理工作關係，分別套用價值模型進行檢查。之後就會清楚地看到，自己的社交圈中至少有八十%的人都是無價值產出的——你們之間缺乏價值的互換，繼續維持這種社交聯繫毫無意義。

你的朋友有多少是「垃圾人」？

近幾年來，「垃圾人」一詞流行於全球，指的是人們身邊圍繞著一些沒有建設性，並不斷損耗、影響生活和工作品質的人。他們可以是同事、客戶、朋友，也可能是與你有某種社交連結的陌生人，如臉書好友、鄰居等。現實生活中，我們有相當多的時間，是和這類人在打交道。他們像把鈍刀一樣，慢慢磨損你的心力，消耗掉那些你本該用於有效社交的時間。

「分享」已成為人們的一種習慣，網路的普及使得「分享」變得快捷、方便。但有一些人，他們一天到晚都在孜孜不倦地「分享」，為了吸引大家的目光，曬幸福、曬悲傷，想要別人和他們一起體驗其感受。因為在現實生活中，他們獲得的關注太少了，所以只要有一點兒事情發生，就恨不得讓全世界都知道。

「今天我買了條裙子，你看看怎麼樣？」
「昨天男朋友送禮物給我，你覺得漂亮嗎？」
「和老闆吵架了，唉，可能被解雇，該怎麼辦？」
……
無論「炫耀」還是「分享」，偶爾占用一下朋友的時間無可厚非，但遇到一點芝麻蒜皮的小事也要曬出來，強迫眾人關注，就非正常了。這樣的朋友就是典型的「垃圾人」，他會從早到晚使出渾身解數，引起你的注意，如果不將他從通訊錄中刪除，他便會持續不斷地浪費你的寶貴時間。
「垃圾人」中有一種類型叫「抱怨症患者」，其特點就是把你當作「情緒回收站」。
我曾在一次講座中說：「一個人成就的高低，取決於他的社交圈『抱怨指數』。指數越低，他的成就便越高，反之亦然。」「抱怨指數」是針對社交圈的一個檢測數值，即周圍朋友的抱怨程度。在定期和你發生互動的人中，你可以檢測一下互動的內容，如果有人總是把你當作情緒的出口，表達他對生活、工作或其他事情的不滿，那說明他在提高你社交圈的「抱怨指數」。
這類人總是在傳遞負能量：主管訓斥他，同事為難他，有人傷害他，伴侶不理解他，炒股賠了，交通違規了，生意不好做了……種種不快所引發的壞情緒，通通傾倒在你身上，然後他的心情就好了。在他眼中，全世界都跟他過不去，他是這個世界上最可憐、最需要同情的人，而你的任務就是接收他的壞情緒，隨時接聽他的電話，耐心傾聽他發牢騷，於是你的寶貴時間就這麼被浪費了。

1. 透過求助消耗你精力的人——幫助他是無止境的任務

在社交關係中有一種人很倒楣，不斷遇到各式各樣的問題，而他習慣於向別人求助。你幫了他第一次，就會有第二次、第三次……直至自己被拖垮。毫無疑問，他對你產生嚴重的依賴，越來越喜歡向你求助。

這樣的人不是沒有獨立解決問題的能力，而是他學會以求助的方式，從你身上汲取資源。他待在你的通訊錄中，就會向你請求援助。如一次又一次地借錢、請你拿主意，甚至出面解決他自己就能解決的問題。當你開始覺得自己的付出太多，並拒絕他的請求時，他會立刻認為你「不夠朋友」而翻臉，甚至還會在別人面前詆毀你。

是不是很可怕？這種負面的情緒會不斷地蔓延，漸漸包裹你的生活，讓你在不知不覺中，被他們拖入深淵——賣力付出，卻得不到任何回報。

2. 利己主義者——不能同甘共苦的自私小人

做生意的劉總分享了他的經歷：「朋友共患難容易，同富貴可就難了。幾年前，我和一個好朋友一起投資成立這家公司，他的資金少，但我仍分了他一半股份。公司剛起步時不賺錢，但我仍然保證他能拿到薪水，而自己一分不拿。去年公司好不容易賺錢了，他卻要撤股轉投資別的。」

劉總碰到的便是典型的利己主義者，不僅自私，而且不知分寸。和這類人聊天、共事時，能明顯地感覺到，對方臉上是一種急切想要從你這裡得到好處的樣子，沒有溫度，也不真誠。他們用利益衡量交情，如果沒有回報，就絕不會為別人考慮。

這兩種「垃圾人」我們都有可能遇到，也許他們正躺在你的通訊錄裡，下一分鐘便會再次闖進你的生活，撥通你的電話。所以，減輕社交負擔一定要對通訊錄「開刀」，把這些「垃圾人」找出來，永久地刪除。

什麼是過度社交？

我在美國待久了，對美國人的「管理主義心態」（Managerial Mentality）印象很深刻。他們非常重視原則、計畫和控制，在社交中也是如此。這些人有朋友、親人和同事，但不會無限制地擴張關係網，也不會和每個人的聯繫過於緊密，更不會將大量的時間投入在社交上。

我們之所以要認清和拋棄「過度社交」，是因為這些活動會浪費許多資源。要想建設一張高效的社交網，就必須擁有管理主義心態，學會遵守原則，制訂計畫並控制進程，同時還要輔以強大的執行力。

國內一家上市公司的董事長曾戲謔地跟我說：「我有五萬個好友，但常和我說話的只有五個。」他點開手機，挑出通訊錄，總感覺和每個人都是泛泛之交，遇到重要的事情能叫出來聊聊的人很少。「我交了這麼多朋友，效能卻不如一個普通人。」他感慨地說，「該讓自己的朋友圈瘦瘦身了。」

過度社交有五種具體形態和表現。

太多無用的「按讚之交」

「按讚式交流」（有個專業名詞叫 one-click communication）是指，雙方不發生實際的對話，只是禮貌或機械性地進行按讚、微笑或祝福等互動，更像是禮儀式的社交。最典型的例子，就是在即時通訊的朋友圈中，按下一個「讚」的貼圖：瀏覽朋友的最新動態，看他們的照片、發文等，用一種最簡單的方式表達自己的態度。

這些交往，在某些時間對我們來說是有意義的——某種精神的慰藉，但從長遠來看，是無效或低效的。因為在這類交流中，我們投入的時間是零碎的，每天十分鐘，一年也要不少時間。這麼多的時間，卻沒有同等的產出。而且，不管你按多少讚，那些弱連結也不會變成強連結，並轉化為實際收益。因此，按讚之交是不值得維繫的，你完全不必因未能及時瀏覽朋友新發布的資訊並評論而感到遺憾。反而，不關注才是對的。

付出與回報不對等

要描述這種社交特點，需要借用一下法學上的概念——你盡了義務，卻未獲得相對的權利。譬如，有人總是欠你人情，卻從不給你機會讓他還人情。你幫他做什麼他認為是理所當然，但別想讓他幫你一次，當你需要他出手時，他就消失了。還有些人「端起碗吃肉，放下筷子罵娘」，得了好處還嫌給的不夠多，更有甚者過河拆橋，恩將仇報。現實中總有很多這種「朋友」，他們覺得自己就是世界的中心，其他人都欠他們的，應該為他們服務，而且不用給予任何回報。

哈佛大學的心理學家、漢學家比利．凱恩說：「人際關係是一種資源互換體系，實質性的互相幫助可以帶來心理上的愉悅。尤其在當今商業社會，交易的概念無處不在，自然也包括社交。社交的一個重要屬性就是互相給予、互相交換。你擁有哪些權利，就要回報相對的義務。」

比如，今天你幫朋友寫了一份報告，明天他幫你打聽一個重要的消息，介紹客戶給你。這就是權利與義務對等的社交。中國有句俗話說：「有來有往才是朋友。」當一方給予另一方利益，另一方卻不能同等對待時，權利與義務的不對等就產生了。社交關係中必須儘量避免出現太多此類情況。

單方面的損耗很傷

這類人際關係也稱「損耗性社交」，其包含許多方面，但都有一個共同特點：像吸血鬼一樣吸取你的能量。經常傳導「負能量」的朋友或同事，就像蒼蠅在你耳邊飛來飛去，使你無暇專注於真正重要的事情。這種社交極為劣質，而我們經常也能感覺到這類人無處不在，幾乎能在任何場合碰到，他們時時刻刻都在破壞我們社交時的心情。

例如，密友周末聚會時總是滿嘴抱怨，他們不反思自己的能力和積極尋找機會，而是怨天怨地怨社會，甚至埋怨父母。他們經常吐槽某個成功者是走了狗屎運，而他們一事無成純屬運氣不佳。有時還喜歡拉著你喝酒、泡吧，逼迫你放下手頭的工作，繼續聽其喋喋不休地傾訴自己的不幸遭遇——他們的老闆是混蛋、同事是傻瓜、老公是渣男、朋友無情無義等。當你理性地分析箇中問題時，他們又嫌你不理解其心情。

交到這種朋友，心情煩躁是肯定的，但更可怕的是，他們會持續對你造成損耗。如果你一直被當作情緒垃圾桶，便無法感受到社交的快樂。從這類關係中，你唯一能學到的教訓是——別接朋友的電話，因為他們又要向你吐苦水了！

一方面，假如你的朋友長期如此，說明他們大部分的時間是處於人生低谷，上升慾望不高，社交品質很低；另一方面，你很難指望這些人能夠聽取建議，並有所成就，更不能期待他們對你有多好。他們缺乏解決問題的意願，大部分自私、偏激，只會不停地損耗身邊的人，同時缺乏感恩之心。所以，應該遠離他們，或至少降低與他們的交際頻率。

定位錯誤的社交

社交中的定位分為兩種：

第一，情感定位。人們需要情感交流，但我們先要定位好自己的情感需求（看對方能否滿足這種需求）。

第二，發展定位。事業規畫、人生計畫等決定了我們需要什麼樣的朋友，這也影響著我們的社交形態。結交朋友就是一個驗證自身定位的過程。

在現實中，這兩種定位往往互相交融，很難嚴格區分。我們交朋友既是為了情感的交流，也是為了共同進步，所以，實際的社交是感情聯絡、工作溝通、放鬆娛樂、興趣愛好等多種因素的「融合體」。

定位決定了目的，目的也展現了定位。我們在建設人際關係時，要先弄清楚一件事情——對方是否符合我的定位？我和他之間是否存在過大的落差，以致完全不在同一個頻道？遺憾的是，許多人並未認真思考過這個問題，很少去想自己付出巨大代價的社交行為，究竟能帶來多少收穫，是否與自己的需求匹配，能否實現自己的社交目標。

定位錯誤會導致結交的朋友在層次上相差太多，這類社交往往也是無效的。「層次」這個詞代表兩個方向：

第一，層次過高。

即便缺乏機會接觸高層次的人，也依然孜孜不倦地追求「高端社交」，這就是對社交層次的定位不切實際。人們覺得只有結識那些大老闆，才能學到更多的東西，而且說不定能得到千載難逢的機遇。所以，凡是功利性強的社交理念，全是朝上走的，以進入高端圈子為目的，不過我向來反對這種做法。「高端社交」確實重要，有機會時也應該把握，但沒有必要將人生的希望全部押在上面，尤其是目標與自己的能力不符時。

例如，去聽馬雲演講，或者和巴菲特共進午餐，得到的收穫，和與他們相同行業、領域的人肯定是不同的，你們理解的東西也絕不在一個層次上。你聽到馬雲和巴菲特天馬行空的述說，往往覺得是雲山霧罩，而那些業內人士，卻能從中看到行業的發展動向和寶貴的商機，甚至能卓有成效地與他們進行互動，達成合作。

無論你認識多少這樣的大老闆，若你的層次達不到他們的門檻，你所獲得的資訊就是毫無價值的。因為雙方的層次相差太遠了，他說的你聽不懂，你說的他不感興趣；他給你機會你也抓不住，因為你缺乏與之相匹配的實力。

社交的層次定位過高，會導致我們在與高端人士交流的過程中，出現尷尬局面——由於見識、閱歷和技能的差距，你把握不住他們傳遞的資訊，無法贏得他們的尊重。而更多的情況是，你以為他們尊重你，但回過頭來細想又發覺，那只是一種「禮貌周到」的客氣。到最後，你既不能從這種關係中提高自己，又無力再進一步拓展。

第二，層次過低。

層次過低就是社交時只「往下看」，與比自己差很多的人交往，從此掉進一個又一個低層級的圈子中。雖然能獲得知識、技能、視野、思維、財富等各方面的優越感，得到他們的尊重，成為圈子的核心，滿足自己指點江山的虛榮，但這種社交對你而言，也是不具成長性的，是低效和自我貶抑的。因此，在排除感情因素的情況下，應該避免與層次過低的人有太多的交往，要適當地提升自己的社交定位。

效率最高的社交，是和與自己層次差不多的人，建立牢固的關係，尤其是與比自己層次略高一級的人成為朋友。在這種互優的模式中，我們才能互相理解對方傳達的訊息，並實現資源分享、共同成長的目標。

毫無意義的社交

有一個流傳甚廣的小故事：「你是砍柴的，他是放羊的，你和他聊了一整天，他的羊吃飽了，但是你的柴呢？」這個故事生動地為我們總結了一種社交現象：許多人將社交的重要性放在工作之上，使得社交成為一種低收益，乃至負收益的無效行為。

生活中大部分的「無效社交」，其實就是缺乏收穫的社交行為，這種現象比比皆是。我們下班後和朋友、同事喝兩杯，一場聚會兩三個小時，說了一大堆沒有營養的話，天南地北海吹一通，給自己灌了一肚子酒，回家之後大睡一場，僅此而已。

我們用手機和朋友聊天、打遊戲，浪費一個晚上的時間，只得到純粹的放鬆和娛樂，沒學到知識，沒加深友情，沒開闊眼界。當你總結過去三十天的社交生活時，你會發現自己從中得到的東西，對生活和工作而言是一個大寫的「零」。

儘管有些社交就是用來放鬆的，但對於大部分的社交，我們要認真考慮其所帶來的收穫——對工作的意義是什麼？對生活的幫助是什麼？收穫包括物質、精神和閱歷層面，當然，還要計算成本。

在現實中，我們不可能每一次都能計算清楚社交的收穫，再決定是否參與，那麼應該怎麼辦呢？我的建議是——在社交過程中建立目標，並且賦予其意義，意即提前做好準備。

例如，儘管朋友聯繫你的目的就是喝點兒小酒，但你仍可以在酒桌上，主動聊一些有益的話題，包括工作心得、投資經驗、生活常識等，以換取對方相應的一些分享。這也是一種積極的測試，看他是否適合成為你的核心朋友。社交的一大作用，是互相分享各個領域的經驗，這便是從該過程中可以收穫的東西。

整體而言，無效社交所揭示出來的問題，不是「社交本身是錯誤的」，而是大部分人並沒有針對性地管理社交，制訂社交計畫，將「得到收穫」這個目標，優先置於社交之前，也沒有賦予其重要的意義。這並不是要逃避社交，而是要明確它的目的及優先等級，辨別出無效社交，這樣才能開啟減輕社交負擔之旅。

重點輕複習

用於社交的時間越多，社交就越無效。

我們將時間盡可能地擠出來，再用到多種形式的社交中，想交到更多更好的朋友。但支出的時間越多，人脈庫越大，社交就越無效，且無形中強化了社交焦慮，降低了幸福感、獲得感，這又反過來促使我們在社交上花掉更多的時間。這是一個無休止的惡性循環。

檢測你朋友圈的抱怨指數。

一定要時刻注意朋友圈的氛圍。總會有生活不順心的人，在圈子中發洩他的負面情緒，這無可厚非。但當朋友圈的抱怨指數達到臨界點時，就要注意了，如果有人不對自己的負面情緒加以控制，而是任其四處散播，那麼勢必會影響到其他人。不要總被朋友當成垃圾桶，你應該對這些負面情緒敬而遠之。

空虛源於尋求關注。

打開手機，翻一翻通訊錄，每個人都能發現，自己處於一張巨大的社交網路之中。我們與家人、朋友、同事、老師等不計其數的人有連結，可是孤獨帶來的空虛感，仍讓我們無能為力。為什麼明明站在人群之中，處處尋求關注，但這種孤獨的幼苗還是會在心底滋生呢？因為我們對於對抗孤獨這件事存在誤解。孤獨不是躲到人群中就可以逃得開，沒有人能做到。或許你會經常與朋友溝通交流，但是當聚會結束，你又變回一個人時，空虛感便會襲來。想要抵抗這種孤獨，我們得學會獨處，而不是逃避，否則在走出人群之後，會愈發空虛寂寞。

以效能為準則，不以人數為目標。

人數從來都不是衡量社交水準的條件。有句話叫「量變引起質變」，但這句話用在社交上就不太合適，因為與過多的人建立聯繫成本非常高。這種友誼需要付出精神維護，如果有過多聯繫，就不可能照顧到所有人。能夠與你建立深厚友誼的，仍然只是少數，所以不如把更多的力氣放在這些人身上。

與很少的人建立強連結。

強連結指的是確立互利互惠的內在邏輯連結。通常來說，強連結的價值是多少弱連結都無法比擬的。你在工作和生活中認識的普通朋友，可以一起吃飯喝酒、聊天、稱兄道弟，但是如果有重要的事情想要託付，他們就不是好的人選了，這便是弱連結。強連結的數量不用多，能有幾個在關鍵時刻互幫互助的，就能成為我們人生中的助力。

分析社交的價值關係，建立「社交價值模型」。

貢獻價值指數：我輸出和接收的價值對比，數值越大，說明在社交中對別人越重要。

單位價值指數：我的關係數量與社交價值總量的對比，數值越小，說明朋友圈品質越高。

時間價值指數：我投入到社交中的時間與社交價值總量的對比，數值越小，說明社交效率越高。

調整和匹配我們的社交定位。

在建立人際關係之前要先弄清楚，我們為什麼要與對方建立聯繫，或者說，對方是否符合我們的社交定位，我們是否適合處在同一個社交網中。這些問題非常重要，它決定了我們在之後的交往過程裡，會不會後悔將精神分配到這段關係中。如果這段關係的成本和收穫不對等，或是差了很多，那麼這種消極的後果就會令我們懊惱。因為這種損失不可逆，我們無法在對方身上找回損失的精神和時間。

第二章

我們為什麼會過度社交？

人們小心翼翼地維護著自己的人際關係，
害怕失去那些有本事、
有權力、有財富的朋友，
同時也只想結交那些有錢，
或者已經在某些領域取得成功，
並對自己有用的人。

功利心態：多個朋友多條路

讓我們的社交效率變得極為低效的，還有根深蒂固的人情文化，這在國內表現得尤為明顯。例如，不少人把人情文化理解為，想讓孩子上好學校要找關係，想進好單位工作要找關係，買房落戶也要找關係，甚至創業和辦各種手續都要找關係。「關係」幾乎成了人在社會中生存的基礎，於是社交便在這樣的氛圍中逐漸變得功利。

很多人認為人情文化在社交中是必不可少的，它拉近了人與人之間的距離，增進了交流，消除了冷漠，讓整個社會都富有人情味。不過在我看來，這種說法並不完全正確。

「人情味」是人際交往的一部分，但並不是說，我們要和每一個認識的人都搞好關係，也不是做任何事都要找朋友幫忙。你應該明白，人情文化是情感連結，而不該是利益連結，一旦摻進利益，就變味了。

結識成功者真的好辦事嗎？

在人情文化的社會中，當一個人習慣靠關係解決問題時，他就會變得只想結識「成功者」，因為成功者能幫他辦成事。也就是說，這個人變成勢利眼。這一特點，被現實中很多人展現得淋漓盡致：

第一，拜金行為。主張一切向錢看，有錢的極力討好，沒錢的一邊涼快去。

第二，趨炎附勢。信奉「成王敗寇」，崇拜成功者，鄙棄失敗者。

資訊社會的快速發展，讓我們所處的環境與過去不同，也讓社交變得比以往更加多元化，這使得我們能夠接觸到更多成功者。因此，很多人都希望藉成功者的力量幫助自己，最終將自己的社交觀演變成只想結識成功者。

我多年的好友，在哈佛大學從事人際學研究的凱利教授說：「這個問題起源於基因繁衍，基因要求每個人本能地去結交強者，遠離弱者。因為與強者結盟，有利於自己生存和繁衍，我們可能有小小的選擇權，但這種力量微乎其微。」

凱利教授是大家眼中非常典型的成功人士，他在哈佛大學執教二十年，是人際學領域的權威，年薪一百萬美元，每年有三個月的帶薪假期，還能報銷出國旅遊的一切費用。

他社交名單上所有的聯絡人，年收入都在百萬美元以上，這象徵著他的事業在堅定地往上走。凱利說，他對自己未來的規畫，就是成為世界上所有大學教授中，第一個以冷門研究而為世人所知的人。他不願碌碌無為，而是想做一番大事。

作為一個有如此宏偉志向的人，朋友的層次自然不能太低。他認為，只有認識更多的成功者，才能離目標更近一步。因此，他努力結識各行各業的優秀人才，異常謹慎地經營人際關係，希望可以充實、壯大自己的朋友圈。

為了鞏固人際關係，他會在課餘時間，定期邀請這些人打高爾夫；每周主動聯絡朋友，詢問對方有什麼需要幫忙的，對方沒接到電話時就發簡訊；會在早晚各打一次問候電話給重要人物，十分禮貌而又簡短地強調他們的關係十分重要；在這些人面前他從不生氣，做一個懂得自我反省的人；他會精心設計社交聚會，力求參加的人都對他的款待讚不絕口。

看起來，對長期研究人際學、宣導「減輕社交負擔」的凱利來說，自己倒成了一個反面案例，這也是後來令他後悔不已的事情。他說：「我如此費盡心力地投資高端人脈，是因為在我看來，不知道什麼時候，我需要這些朋友對自己的事業伸出援手。也許不會有這麼一天，但萬一呢？人人都有這種心理，我也不能免俗。」

「不過漸漸地，隨著研究的深入和年齡的增長，我的頭腦愈加冷靜，開始反思自己的做法，原來我在不知不覺中掉進一個大坑，這個坑還是我自己挖的。功利的交際，不但沒有為我創造收益，還讓我過著焦慮、煩悶的生活，享受不到社交的樂趣。為了保證社交圈的品質，也為了不分散我寶貴的精神，我開始定期對所有的聯絡人進行『斷捨離』。」

在人類社會中，我們一直都重視人際關係。網路上有很多勵志的雞湯──「朋友的品質決定人生的高度」、「朋友多了好辦事，朋友少了路難走」，等等。人們把這些話奉為「真理」，並且時時刻刻身體力行。對很多人來說，結交成功的朋友是為了活得更好，有成功的朋友就意味著自己也有成功的機會。人人都希望強者拉自己一把，讓自己在這個競爭激烈的社會中，能夠走得順暢一些。

所以，強烈的功利心充斥於社交圈中，主導了大部分人的社交觀。人們小心翼翼地維護著自己的人際關係，害怕失去那些有本事、有權力、有財富的朋友，同時也只想結交那些有錢，或者已經在某些領域取得成功，並對自己有用的人。

你如何對待別人，別人就會如何對待你

有這樣一句眾人皆知的話：「你如何對待別人，別人就會如何對待你。」也就是說，你對待別人是功利的，別人也會功利地對待你。凱利教授「菁英爬蟲」的大名，一度成了他圈內朋友的話題。雖然他擁有諸多成功的朋友，但這既沒有迅速提高他在學術圈和成功者階層的名氣，也未能幫助他實現自己的目標。相反的，他的外號卻廣為流傳。

有人在校內論壇寫文章形容他說：

凱利沿著下水道的管子往上攀爬，還以為這是一根金拐杖！

凱利是哈佛大學最出名的勢利眼，連對學生也是如此。如果你的家庭沒有實力，他就不會當你的導師。

當人們察覺到凱利在社交中強烈的功利心時，他就變得不再受學生和家長歡迎了，這令他的學術研究也受到影響。最終他意識到自己的錯誤，主動解散了高爾夫聚會，也不再打電話給大多數聯絡人請安問好。

有人說，人際關係是第一生產力，是一切事物發展、運作的基礎。對於這句話，主要看你怎樣去理解和運用。在未來，人們仍然會普遍地將社交視為生活和工作

中，必不可少的環節，但是我們應該清醒地認識到，人在社交中，對外界資訊的「接受度」是有限的，人的大腦不能同時處理太多的訊息。

精力分散，就意味著社交中的每一段關係，都不會特別牢固。而如果再從相互利用的角度，去開發自己的人際關係，那麼你的社交圈將會異常脆弱，經不起絲毫風吹雨打。

越是功利的社交越低效

為了消除無效社交，我建議現在著手為自己確立「反功利」的交友原則。

第一，只交志同道合的朋友；

第二，考察各自的價值觀，必須認同對方做人和做事的原則，遠離有巨大道德汙點的人；

第三，最好達到心靈層面的契合，追求精神上的愉悅，而非糾結於利益的交換。

有個棘手的問題是，很多人在無限擴張的社交中，對人際關係的認知已經扭曲了，誤解了社交的內涵。他們振振有辭地說：「交朋友本身就是功利的，只有傻瓜才會花大把時間，做心靈溝通這種沒什麼價值的買賣！」看，不少人把交友當作「買賣」，將社交視為撈取利益的途徑，他們對於內在的、非功利的溝通不感興趣。

所以在工作中，你總能看到這些拿著筆四處記電話、發名片的人，他們是巴結上司的高手，是辦公室裡的活寶，也是城府極深的投機客。也許他們的工作能力一般，做事也不實際，但在經營人際關係上卻非常成功，真正貫徹了「朋友多了好辦事」的功利社交觀。這些人結交任何朋友的目的都是利益，一旦沒有利益，他們會立刻將對方拋棄。

我建議大家別受這種觀念影響，因為與功利為伍，你將永遠孤獨。

害怕孤獨：我不想成為不合群的人

社交效能低下的另一個根源，是人們對社交的誤解，這導致大部分人在平時的生活中，不得不努力融入群體，否則就有「被邊緣化」的可能。站在群體的角度，人們總是排斥那個「不合群」的人，這種群體性的意識，加劇每個人對於社交的錯誤認知。

你如何定義「不合群」？

小鄭是一個喜歡安靜的人，平時不愛出門，話也少，周末總是宅在宿舍裡看書。他的室友們則性格外向，休假經常去KTV唱歌，或者去球場打球。一開始，室友們每次都會問小鄭：「要不要一起去啊？」但在他婉拒幾次之後，彼此之間的關係就淡了，小鄭成了游離於這個小團體之外的分子。

大家覺得小鄭不合群，便有意冷淡他，看他也越來越不順眼。小鄭為了彌補關係，只好放棄自己的原則，跟著室友們去唱歌，去打球，這才重新回到小團體裡。

然而，小鄭從自己的妥協中得到什麼？他獲得室友的友情，卻付出原本用來學習、進步的時間。

在社會性方面，人類和猴子具有高度重合的社交特點。當猴王衰老時，就會有一隻年輕的猴子向牠挑戰。兩隻猴子進行激烈的爭鬥後，結果往往是老猴王落敗，然後猴群就會逼迫牠離開群體。面對驅逐，老猴王寧願受辱，也不離開大家，因為離開就意味著死亡。

人類也是如此，合群意味著被集體接受，有廣闊的發展空間；不合群就代表被集體孤立，這樣不但未來的發展空間有限，而且還有可能被看成異類。這是大多數人對「合群」和「不合群」的理解。但是你呢？你是像小鄭一樣選擇妥協，還是願意喚醒自己的自由意志，重新定義存在價值，進而擁有一種最優的社交策略呢？

從各行各業的頂級成功者身上，你可以看到一些特殊的東西，其中便包括社交策略。著名投資家吉姆．羅傑斯，曾是讓東南亞國家望而生畏的量子基金合夥人，在金融業有不俗的成績。在他的朋友看來，羅傑斯就是一個很不合群的人，大部分時間都獨來獨往，沉默寡言。不過他也有朋友圈，並遵循自己的原則對朋友精挑細選，所以能進入他圈子的人極少。

由此，我們可以得出一個結論：合群的社交未必是有益的，不合群的社交也未必是有害的。一味地追求社會認同，也許能讓你收穫更多的滿足感，但是放棄自己的個性來迎合這個社會，一定會讓你失去更多。

改變對於群體的認知

俄裔美國作家安．蘭德在《商人為什麼需要哲學？》一書中，分析了合群的人與不合群的人之命運。在蘭德看來，人在這個不可逃離的喧囂、混亂世界中，對於自身的認知和建立正確的生存價值觀，要比在交際中遊刃有餘更為重要。在了解別人和讓自己變得社會化之前，首先應該充分地了解和定位自己。

改變認知，是我們邁出的重要一步。在大眾化的社交中，人們總是認為一個游離在群體之外、朋友很少的人是孤獨的，不合群的。「不合群」這種現象讓人畏懼，所以我們寧願多交些毫無助益的朋友，也不想待在一個人的世界裡。但事實並非如此，有時候我們最需要改變的不是社交狀態，而是腦中的觀點。

1. 試著開始關注自己，而不是渴求別人的關注

每個人都期望自己被關注，但是在實際的社交中，卻發現自己先要對別人投以關注，以及放棄一些原則去曲意逢迎，才能有所收穫。最終，這種過度社交的方式，讓自己付出很多，收穫卻不大。若你總是在「索取關注」，那麼你獲得的關注也會是廉價的。所以，要先學會將自己放在生活的重心，認真地經營自己，把「群體認可」擺到一個次要的位置上。

2. 站在群體之外審視自己，然後重新評價

評價自己時，別急著參考群體的意見，因為群體對個體的評價具有兩個特點：其一，從眾性；其二，壓制個性。這兩個特點決定了群體評價往往是不客觀的，它要求你時刻保持服從，從不考慮你的想法。當群體評價左右你的思想時，你除了放棄個性迎合眾人，好像別無他法。

我們對於自己的認知程度，決定了我們在人際關係中，能否釋放自我價值。

你的「自我定位」越清晰，認知越理性，就越懂得與群體保持適當距離，並始終珍惜自己的獨特性。社交不應該是浮躁的，而應該是沉靜的；不應該是功利的，而應該是淡定的；不應該是衝動的，而應該是理智的。只有這樣，我們才能和群體之間，維持一個「不遠不近」的距離。同時，我們還需要對自己做一個全面的評價：

我憑什麼在這個世界立足？（資本）

我用什麼贏得人們的尊重？（獨特性）

我如何與合適的人建立優質關係？（方法論）

這三個問題代表了三個方面，是我們對自己深層次的剖析，是抽絲剝繭、優化重組的過程。這麼做不是為了「提出問題」，而是解決沉痾已久、並對我們造成阻礙的問題。充分認清自我之後，「是否合群」就不再是制訂社交策略時，應該考慮的選項了。

3. 不要受到別人情緒的影響，要嚴格依照自己的「價值需求」開展社交

為了減少別人的情緒、態度和印象對自己的影響，最好的選擇是將自己的「價值需求」，放到社交生活的中心位置，讓所有的社交活動都圍繞它展開：

我需要從社交中得到什麼？（我的目標）

我能在社交中提供什麼?(我的價值)

哪些人能滿足上述兩項要求?(我的定位)

安・蘭德在她的一篇文章中說:「一個缺乏和不善於凸顯自我價值的人,在社交中是非常失敗的,就算他非常努力,甚至變成這個世界上最努力的人,他仍然有可能成為一個不為朋友和圈子所接受的人。相反的,一個不怎麼合群的人,如果他能散發出自我價值,哪怕他有著全世界最嚴苛的交友標準,生活中也不會缺乏重量級的朋友。」

合群與否是相對的,當你變得足夠優秀時,就自然而然地形成以你為中心的圈子;如果你並不優秀,那麼你為了融入某些圈子而做出的討好、迎合,並不會產生積極的結果。

依賴心理：我需要有人替我做決定

為什麼極簡和高效能的社交實現起來如此之難？因為構成人類群體性心理的基礎就是兩個字：依賴。凱利教授認為，最壞的情況不是我們在社交中過於依賴，而是將之視作理所當然，意識不到癥結所在。就像你覺得屋裡很暖和，卻不知道柴火快要燒盡了。這個道理放在人際交往中也是一樣，依賴朋友看似很安全，其實是對友情的透支。

他說：「有些人覺得讓朋友幫助是非常自然的事，是其應盡的義務，他們可以心安理得地接受，不用說謝謝，也不用關注朋友的感受。大小問題都交由朋友解決，沒有朋友他們簡直不能活。儘管朋友做得很好，但是這種社交是無效的，因為他們的『自我』沒有了，他們在社交中完全把自主權交給了朋友。」

如果你心安理得地依靠朋友，不以為恥，更沒有什麼不好意思，那麼你對於朋友的要求便會變本加厲，不能容忍他們犯一點兒錯，甚至他們稍有鬆懈，你就覺得他們「對不起你」。與此同時，你在社交中也得不到多少安全感：「沒有朋友，我怎麼解決問題呢？」大多數人都認為只有依賴群體才能生存，他們拚命地參加聚會，結交各種朋友，目的只是鞏固可供依賴的群體土壤，將自己徹底變成一種寄生於友情的生物。

別再一廂情願地依賴別人

忠告：當你向朋友求助時，做好被視為「毫無價值」的準備。

這句話的意思是說，你為了經營好關係，可能付出自己全部的資源，包括熱情、精力和期待等，你認為對方也會同等回報。但在對方看來，你的付出是一文不值的，因為他並不需要。現實中有很多人抱怨：「朋友在我最需要幫助的時候卻鬆開了手！辜負了我們的友情！」別驚訝，因為他並未將你視為朋友，這只是你的一廂情願而已。因此，你在友情上的努力是無效的。

人和人的「需要」是相互的

忠告：在以需求為前提進行社交時，先評估一下自己是否具備滿足對方需要的能力。

有一個問題現在可以來思考一下：「我能為自己認為最重要的十個朋友做些什麼？」假如朋友需要你，你能為他們付出什麼以及付出多少？有多少人可以自信地說出，「我的付出一定對得起朋友對我的付出」？一般來說，在人際交往中，你想讓對方回饋什麼，就要先想好能為對方付出什麼。尤為重要的是，你是否同時具有善於付出和取信於人的本領。

當然，在做這種思考的時候，容易陷入功利的迷思。

二〇一八年，我在某地認識一個做銷售工作的人，他的朋友特別多，但他有一個很大的缺點，就是不管是他幫助別人還是別人幫助他，他都要在本子上記下一筆。他幫了別人，就會記得有機會要找回來；別人幫了他，他也會找機會再還回去。把社交當作人情買賣，這便是功利心的表現。當我問他有多少「真正的朋友」時，他立刻憂慮起來，因為他想不出任何一個人的名字。

1. 改正自己的衡量標準

對朋友錯誤的衡量標準是：當別人找你幫忙時，你第一時間的想法，不是怎樣助他一臂之力，而是思考這個人有沒有能力回報。在這種極度功利的念頭主導下，你的圈子裡就只剩那些能力強但同樣功利的人。當你沒有能力回報他們時，他們也會以冷漠作為「回報」。

2. 別用交易心去交朋友

「交易心」就是用買股票的思維去社交，買了就盼著漲，不接受下跌，只希望贏利。在這種心態的驅使下，一個人看待朋友的標準，便只剩下「是否值錢」了，無法產生相對報酬的朋友就不想去結識。秉持這種心態去社交，就不容易交到真正的朋友。拋棄交易心，才能看到社交的本質。如果始終持有交易的態度，那麼在面對一些能力很強、地位很高，為你提供巨大資助力的人時，你就會背上沉重的心理負擔，因為你有可能還不出這些人情。對這種情況，我的看法是，人的事業發達於功利心，也會衰落於功利心。一個人靠與朋友的交易起家，也會因失去朋友的信任而走向失敗。總是和朋友做交易，早晚會失去這些朋友。

缺乏存在感：我需要更多的人肯定

還有一些人是因為缺乏自信才希望多交朋友，即便效率很低，也喜歡不斷地嘗試，因為這樣能讓他們有微弱的存在感。他們需要別人的肯定與認可，甚至把結交朋友當作生活的唯一重心，當別人在某件事上稱讚他們時，他們就會非常高興。反之，如果結交朋友失敗，他們就會極為沮喪。

有位北漂女孩小周打電話給我，說她不久前想要參加老公朋友圈的聚會，求老公帶她出席，但是遭到拒絕，為此她和老公大吵一架，兩人冷戰了好幾天。

我說：「這個氣生得很奇怪，那是你老公朋友圈的聚會，為什麼你非要參加呢？他拒絕你是合理的。」

小周不同意：「不對，這只能說明我在他心中沒有地位。結婚兩年以來，我辭掉工作成為家庭主婦，圈子越來越小，連能打電話、即時通訊的朋友都沒有。而他從來不會主動和別人分享我們家庭的幸福，也不在朋友圈發照片。我多次請他邀約朋友來家裡做客，或者帶我去見識見識，擴大一下交際圈，但是他都拒絕。是我讓他丟臉了，還是他不愛我了呢？」

不只小周，許多女性都會這樣想，但是這種想法正確嗎？它的根源是什麼呢？為了證明自己不差，我們通常會做一些徒勞無功的社交行為。人基於社會性而對「存在感」的需求，會讓我們覺得，只有得到別人的認可或者周遭的正面評價，自己做的事情才是有價值的。小周處在一個特殊的環境中，所以對存在感更為敏感，她開始透過一些社交平台尋找新朋友，和陌生人聊天，通訊錄裡也多了很多號碼，但這樣做，顯然很難交到真正的朋友。

因此，我對她說：「你首先要明白，就是別企圖在手機上，找到從你丈夫那裡得不到的東西，要保證任何時候都不做這種事；其次要想清楚幾個問題：你對自己的定位是什麼？你在家庭和夫妻雙方的關係中，處於什麼位置？承擔著哪些責任？這幾個問題解決了，你就能找到自己的存在感，它並不需要透過社交來表現，社交也只是它的工具而已。」

越爭取存在感，越得不到存在感

像小周這樣，越是想在自己的圈子中爭取存在感的人，越是得不到有意義的存在感。這種只追求存在感的社交，讓她離真實的自我越來越遠，以致丈夫開始輕視她，朋友也不重視她。但這是一種內在的問題，並不是外部環境有意排斥她。

在回覆小周的郵件中，我還希望她對自己過往的行為進行反思，特別是價值觀，亦即：「我們需要靠社交來證明自己嗎？」答案是不需要。存在感是我們試圖被其他人注意，而不由自主產生的感覺，是一個人在精神層面的滿足，但並不是只有社交，才能顯現我們的存在感。

現實中如何才能被人注意呢？結合小周的經歷，可以發現有兩種方式：一種是像她這樣拚命結交朋友，討好身邊的人；另一種是讓自己變得更好。大部分人由於虛榮心作祟，或出於生活、工作的需要，而選擇了前者，他們迫切尋求外界的認可，焦急希望得到與自己實力不匹配的表揚。但這樣的努力反而達不到自己的期望，為什麼呢？

第一，沒有與目標匹配的實力。

我在二十年的研究中，驗證了一個道理：只有那些真正擁有實力的人，才能獲得眾人的尊重。這是一條在社交中顛撲不破的真理，因為存在感是個體與個體之間的良性互動，是人和人因某種特質而相互吸引的結果。這種吸引力會長久地作用於人際關係，形成良性循環。

假如你的實力與社交目標差距過大，那麼你進行積極社交的所有行為，都會變成嘩眾取寵，贏得的往往只是曇花一現的存在感，這種存在感像是一棟沒有地基的房子，隨時都會化為烏有。

在節奏飛快的現代社會，下屬想引起上司的注意，男生想得到女生的青睞，業務員想獲取客戶的信任，朋友之間也想加強關係，這是人之常情，但很多人往往忽視了一點，那就是獲得長久的存在感和他人認可，依靠的不是主動獻媚，而是自己的內在吸引力。

第二，不清楚自己的價值。

你的價值是什麼？你的優勢是什麼？為了提升自己的優勢，你又做了什麼？

如果你是一個特別擅長解決心理問題的人，能夠理解別人的情緒，為他們排憂解難，那麼你在自己的社交圈中，表現出這一點了嗎？你有沒有在有限的社交時間內，為別人解決過實際的問題？如果有並收到了積極的回饋，那麼這就是你在社交中的價值。

對於高級人才來說，展現更高層面的價值尤為重要。只要你有能力、有價值、有威望，能為各種人帶來益處，提高他們的價值，那麼不用你尋求認可，他們也會主動圍在你身邊。這時，你所開展的才是高效能的社交。

另外，審視並改正缺點也很重要。只有當你真正開始正視自己的缺點，才會發現過往的自己簡直弱爆了。有句話說：「一個人在洗手間時，才能真正地認清自己。」我們都需要一種類似的環境，啟動自我審視的機制，矯正自己的錯誤思想和行為，然後朝一個積極的方向發展，提升「價值指數」，這是一種非常棒的感覺。

記住這句話：決定存在感的，從來都不是社交行為，而是內在能力。

開始觸摸真實的自我

為了讓自己能夠在社交中自立，不再發生一些幼稚的行為，我們需要觸摸真實的自我。在追求群體存在感的過程中，我們往往會為了迎合他人，而忽略自我的本性，情緒受到他人的左右，交際順利時心情愉悅，遭到冷淡時則垂頭喪氣，這是急功近利與虛榮的心態所導致。

許多人在年輕時，太希望得到別人的認可和尊重，由此不可避免地導致真實的自我，在現實世界的迷失，表現為：

（1）把自己的本性壓抑在最深處，為了迎合他人而強顏歡笑；

（2）絲毫不關注自我，只關注他人的感受；最在意的是對方能否接受自己，而不是自己是否滿意；

（3）不清楚自己要什麼，覺得只要能交到朋友就好。

在二十五歲之前，我以為這種「積極而仰視」的社交策略行得通，但最後發現根本無效。如上中學時，我會把零食分給自己認識的每一位同學，和他們一起討論問題和玩遊戲；大學時，我為了引起社團領導者的注意，而做出違心的事情。就算我成功地吸引了他們的眼球，收穫了幾分乾巴巴的存在感，那又怎麼樣呢？到了晚上獨處時才發現，我還是沒有朋友。

在美國工作幾年後，我有幸從一些優秀人物那裡，學到「向內看」的能力：別太關心其他人怎麼看你，先找到自己才重要。透過長期的體驗和累積，我最終認識到，保持「真實的自我」，是人際交往中非常珍貴的資產，任何時候都不能因為別人（群體）的需求，而忽視對自我的關注。

現在，你可以問自己一些重要的問題：

（1）你的目的是迎合他人，還是彰顯自己的價值？

（2）你這樣做是否真的快樂？

（3）你確定此刻的自己，已表現出內心真實的自我嗎？

在給小周的回信中，我寫了這麼一段話：「喜歡就說出你的態度，不喜歡就徹底告別。假如你為了引起他人的注意，而違心去做自己不喜歡的事，那麼即便是融入一個很大的圈子，獲得的存在感也是卑微的。你的世界屬於你自己，應該由你來掌控。做到這一點後，再考慮如何交朋友的問題。」

另外，還有一個非常有趣的事實：當你用盡力氣追求存在感的時候，其實你已經在別人面前失去了存在感。

越渴求回報，往往就越沒有回報。我之所以這麼說，是因為我們在社會中的存在感，從來就不是爭取來的，而是靠自己的品性、實力、氣場等特質吸引來的，這些都是無法透過短期的投機和突擊得到的。

你擁有飽滿的內心，就等於擁有自己的行事準則，和在社交上的價值。這時即使你不做什麼，存在感也是極強的。如果一個人沒什麼能力，也無積極向上的目標，平時沒事的時候就玩玩手機，追追劇，那麼無論他的態度多麼卑微，對待朋友多麼熱忱，他在別人的眼中，也不會有多少存在感。

因此，要想在社交中站穩腳跟，真實地展示自己的價值，就不能刻意地追求存在感，我們最需要做的是提升自己的能力，增加個人魅力。

糾正「補償心理」

「補償心理」是心理學領域的一個名詞：我想吸引別人的關注，一定要主動關注他，否則他不會關注我。出於對存在感不斷加強的需求，想得到他人更多的肯定，人們就會採取積極主動的社交行為，以讓朋友更關注自己。通俗地說，你想要什麼，就會傾向於採取相應的行動，來對內心的需求進行補償。

過去幾年，章女士的行為表現，完全符合此一心理。她報名參加了四五家社交俱樂部，渴望擴大社交面，向別人展示價值。她不但在維持朋友關係上，投入大量的精力，而且還希望用不同的方式，交到更多和更好的朋友，以展現自己不凡的價值。

這種由補償心理產生的過度社交現象，在我們身邊是司空見慣的，人們越是想得到社會的關注，求得發展機會，就越離不開朋友；越離不開朋友，社交就越會趨於失控，走上過度和無效社交的「不歸路」。最終，既收穫不到寶貴的友情，也無法體會社交的樂趣。

章女士現在也認識到這個問題：「我渴望從交際中體會與朋友互動的快樂，從朋友圈和別人的肯定中，發現自身的價值，但是這麼做似乎並不成功，效果也不盡如人意。我的價值到底在什麼地方呢？我應該怎麼辦呢？」說這句話時，她的關注點仍然是對外的，還是沒有傾聽自己內心的聲音。

經過溝通，我給她的建議是：從此刻起，不要再奢求由外界的認可中，發現自我的價值，而是應該屏除「環境雜音」，進行一次客觀且真實的自我審視。

我是一個什麼樣的人？

我現在從事什麼樣的職業？

我是否有能力做好這些事情？

我是否有能力經營好自己的生活？

我離開朋友圈難道就活不下去嗎？

我能否下定決心享受一個人的時光，譬如，一個人在家待一天，一個人去看電影，一個人去旅行？

我將這些問題以電子郵件發給章女士。她很快回覆說：「已收到，我會認真對待。」她需要自己作答，無須詢問別人的意見，且答案必須是唯一而肯定的，不能猶豫不決，也不能刻意忽略。我建議她每天上午抽出十～二十分鐘的時間，對自己進行一次問答，體驗自我的存在。

作為社會性的動物，人天生就有尋求群體認可的特性，這是隱藏在人類基因裡的。但過分的強化與擴張的補償心理，很容易讓我們在社交中，失去最基本的獨立性，使意志被群體掌控。所以，我們只有勇敢地戰勝和控制補償心理，才能冷靜地與自己的社交關係保持適當距離。

愧疚心理：不好意思拒絕別人的邀請

有人會在接到社交邀請時說：「朋友這麼看得起我，怎麼好意思拒絕呢？」面對上述情況，你也是這麼想的嗎？就算手上有非常重要的事情要處理，你也會接受邀請，迎合朋友的心意嗎？

我們三天兩頭就會收到社交邀請，對我們來說，拒絕這種邀請是比較困難的，貿然拒絕更會產生愧疚心理。談到這個問題時，凱利解釋說：「我們為什麼不好意思拒絕毫無意義的社交邀請？因為這關乎面子問題，拒絕別人會讓自己沒面子。更何況聚會本身，就是對雙方友情的考驗——你是我們的人嗎？如果是，就來；如果不是，就拉倒！這種無形的壓力，可以說服任何人接受邀請，然後丟下真正重要的事情，橫跨大半個城市去喝幾個小時的悶酒，說一堆沒有營養的話。」

我從凱利的話中得到靈感，並稱處於上述狀態的人為「社交爬蟲」。在無效社交的路上，人們一直在緩慢而不停歇地爬行，十分努力卻進展甚微。可能你努力許久才邁過的坎兒，那些高效能人士兩步就跨過去了。

隨著網路在全球普及，社交文化也日新月異。當年，我的研究小組向全球排名前二十的大學，發放了三萬份郵件問卷，調查和社交聚會有關的問題：「你多久參加一次不情願的聚會？」這份問卷吸引人們的積極參與，最終收到的回郵竟有兩萬八千份之多。

問卷結果顯示：有二十六%的受訪者，每周參加兩次以上的社交聚會；還有五十一%的受訪者，每周參加一次社交聚會。在所有受訪者中，一半以上的人在毫無價值的社交上，花去他們三分之一的生活開支。

這項調查蒐集到的是一組十分驚人的資料，大多數人表示應酬不是自願的，許多社交讓人頭疼，他們並不喜歡擴大社交圈，但在那一刻又覺得必須參加，很少有人能拒絕無意義的應酬。結果就是，你可能成為一個社交能手，每場聚會都參與，但你的事業並沒有因此有所提升，反而浪費掉大量寶貴的時間。

重點輕複習

找回親密感，才能擺脫功利。

過度地依賴表情符號和文字交流，容易讓我們的社交出現「情感失真」的情況。社交溝通時，用文字和圖畫代替語言傳遞情感的效果，是極不理想的，這些東西掩蓋了情感，我們看不到人，聽不到聲音。這讓我們所表達的情緒受阻，而且失去正常人際溝通的親密感，這親密感恰恰是非常珍貴的元素。

告別螢幕社交，從線上走進線下。

純粹的「拇指社交」，讓人們很難篩選出優質的朋友。在繁瑣的日常溝通中，文本消息無法讓人從語氣中判斷對方的態度，也無法觀察對方的肢體動作和表情，以致雙方可能存在深層的誤解，經常自以為了解對方，實則不清楚彼此的真實關係。

別怕不合群，要適應孤獨。

在日常生活中，我們是否把合群看得太重了，這種觀念使得我們很難對他人說「不」。參加不想與會的社交活動，或者接受不想答應的請求，這都意味著在向他人低頭，違背自己的意願，因為我們害怕孤獨。孤獨不是透過迴避就可以戰勝的，它要利用正面對決來打敗。

不要隨意放棄自己的個性，而去瘋狂追求社會認同，這也許能讓你收穫更多的滿足感，但是放棄自己的個性，就意味著要迎合這個社會，最終你失去的會更多。

加強對自我的定位，擺脫依賴。

在與他人社交時，能否對自己有一個清楚的認知，決定我們在人際關係中，是否能充分釋放自己的價值。我們要讓自己從一段群體關係中適當地獨立出來，珍惜自己的獨特性，不浮躁、不功利、不衝動的社交心態，才是我們需要追求的。

正視自己的缺點。

我們應該沉靜下來，正視自己的缺點，走出過去的陰影。並啟動自我審視機制，若不反思、不改變，就無法矯正自己的錯誤思想和行為，朝積極的方向發展。

重新看待「人情文化」。

人情文化由來已久，我們總是希望和其他人建立關係，以便在遇到困難時，可以有人拉一把。但這種想法是十分功利的，恰恰違背了人情文化中的「人情」

本質。

這種功利心正在蒙蔽我們的雙眼，扭曲我們結交朋友的初衷。如果社會風氣這樣發展下去，所有人都以功利心態進行社交，那麼彼此之間就會變得冷漠，崇尚成功者，唾棄失敗者。所以，必須阻止這種風氣蔓延。

建立「反功利」的交友原則。

不要抱著功利心與人交友，你們要有相同的價值觀、志向以及愛好，才能成為聊得來的朋友。一定要及早認清對方的做人原則，以免在和對方深交之後，才認清其真實嘴臉，使自己蒙受損失。

理性而非功利地評估朋友的價值。

理智地評估朋友的存在價值，不要被功利心蒙蔽雙眼。你不應該在朋友向你尋求幫助時，思考他有沒有能力回報，友誼不是依靠這種狹隘的「交易」來維繫。如果只想利益交換，那麼你的朋友圈裡，最後只會剩下勢利眼。若你執迷不悟，對自己有用的人笑臉相迎，對自己沒用的人一腳踢開，那麼，當你沒有能力回報，無法跟他們進行利益交換時，你也會受到同樣無情的對待。

從友情之外尋找安全感。

如果你非常依賴社交中的某種關係，就得要十分注意它的變化了。當你把這種依賴看作理所當然時，付出者卻不一定這麼想。他對你的照顧和包容，其實並不是沒有代價的，代價就是你們之間的關係，會變得越來越脆弱。不要透支友情，不要過於依賴別人，更不能把這種依賴看作應該。

Part 2

減輕社交負擔
交心的朋友幾個就夠了

第三章

釐清人際關係的本質

社交的本質是人和人
經由互動形成的連接網路。
人是這張網路的中心，
我們要做的，就是創造更多的連接點，
從而讓其裂變為一張更大的關係網。
其中，評判社交有效和無效的標準，
就是這張關係網，
對我們個人需求「實現度」的影響。

社交的目的是什麼？

為什麼朋友不再聯絡你了？

最近，在科技園區上班的小秦很困惑，因為他的朋友們，好像全部自動消失，沒人打電話給他，手機上除了廣告簡訊，也很少有人主動聯絡。他說：「我現在一個月最多只能接到五通電話，其中三通是父母打來的，另外兩通不是老闆就是客戶。這種狀態已經持續半年了。」事實上，他的朋友很多，以前都會在群組裡熱熱鬧鬧地聊天，下線也經常聚會。

這個例子透露出一項警訊：你被別人「斷捨離」了。為什麼？因為朋友們不再需要你了。至於為什麼不再需要你，原因各式各樣，例如你先疏遠別人、破產了、有了誠信汙點、得罪過他們、出國了或者離開這座城市……總之，任何因素都有可能導致別人將你踢出他的圈子，刪掉你的電話，從此不再聯繫。

這說明朋友圈的「斷捨離」是相互的。你不是世界的中心，人們也不會圍著你轉。就算再好的朋友，友誼也會走到盡頭。

接著剛才的例子，小秦說他為此鬱悶了好幾天，甚至對自己都沒有信心了，還懷疑是不是自己犯了什麼嚴重的錯誤。那麼，如果是你碰到這種情況，你會不會很沮喪、很生氣呢？不過別著急，也無須擔心，你最應該做的事有兩件：

第一，坦然接受「被斷捨離」這個事實。你要認識到，這是高效能社交的一部分，你有權利將別人「斷捨離」，別人當然也可以如法炮製。對於已經發生的事情，先接受，再找原因。

第二，藉此機會正好進行一次自我檢查。想一想自己的朋友圈裡有哪些人？他們為什麼需要你？你為他們提供了什麼？是不是在沒有意識到的狀況下，就成了別人圈子裡的「垃圾人」？

對最後這個問題的思考，會是一場痛苦的煎熬。人們一般不願意正視自己的缺點，也不想面對自己在朋友眼中形象變差的事實。但是，痛苦使人明智，煎熬讓人自省，最終你會洞察社交的本質。然後，獲得成長的你也要舉起剪刀，一口氣剪斷那些低效或無效的連接，將有限的精力，投入到高效能的人際關係中。

專注於自己的成長

無論在任何場合，我都希望和別人分享一個原則：「人永遠要專注於自己的成長。」要想在一個優質的圈層中，用較小的投資獲取最大的收益，就要思考自己能給別人帶來什麼。你的能力和潛力，才是最厲害的社交資本。

你的優點要精而專。僅僅擁有優點是不夠的，還要將優點盡可能地展現出來，將之打磨到精而專。如果你是一位理財專家，懂得如何投資，那麼就要把它變成自己的興趣，並努力將它表現出來，獲取朋友的關注，展現自己的價值。如果你熱愛寫作，就去磨練自己的寫作能力，成為受人歡迎的作家。這些精而專的能力，才是一個人在特定圈層紮根的最強法寶。

你的內心要強而堅。如果你能收回大部分的社交精力，專注於自己的內心成長，那麼就能逐漸遠離那些負面情緒，並擁有非凡的情緒管理能力，和一顆強大的內心。人最了不起的財富是他的內心，而不是銀行存款。有了強大的意志力做後盾，自我成長就是一件饒富趣味的事，不但能吸引到志趣相投的人，甚至有可能結識一些意想不到的「貴人」，發展出高品質的人際關係。

在開展減輕社交負擔之前，要先完成對自我的檢視。查核自己生活中，存在哪些不利於成長的因素，並把它們剔除出去。只有自己足夠優秀，才有資格去選擇朋友，而不是被朋友選擇。

你現在還主動打電話嗎？

我在國內生活的這段時間，發現一個嚴重的問題，那就是現代人透過打電話交流的時間，大幅度地減少了，手機成了純娛樂的工具。特別是年輕人，他們在手機上幾乎只發送寥寥幾句話、表情貼圖和語音訊息。手機是重要的社交工具，但是當它的屬性被多元化之後，人的社交效能也相應變得日益低下了。

有一次，我想跟朋友討論事情，打電話過去，還沒開口他就說：「我們視訊聊。」說完就掛斷電話，接著我的手機傳來視訊對話的請求。接通後他說：「老兄，現在誰還打電話啊，這樣聊天多方便，視訊的同時我們還能做別的事情。不方便視訊發文字也可以，同樣能精確地表達意思。」

我不只一次遇到這種事情。後來，我們專門為此做了一次郵件調查：「截至現在，你有多久沒主動打過電話了？」我想看看有多少人放棄電話，而改用網路溝通。調查開始後的一周內，我們收到了七千多份回覆，其中七十二%的人答案是「超過三天」，十五%的人是「超過五天」，僅有六%的人是「今天剛打過」。

比起打電話交流，我們更傾向於「拇指社交」。什麼意思呢？

第一，社交的絕大多數內容，是經由拇指在手機上完成；

第二，即時通訊工具成為社交的主要載體；

第三，當面交流時仍然被手機分心，無法保持專注。

透過手機的即時通訊功能溝通，就是典型的「拇指社交」。在國內，無論是地鐵、火車站、商場、餐廳，還是其他任何一個公共場所，都能看到低頭玩手機的人。大家可以去星巴克、肯德基這些地方看看，會發現幾個人聚在一起，品嘗咖啡和美食時，拇指都是那個最忙碌的「資訊傳遞工」。他們並不是在打電話，而是在用手指打字，習慣性地處於網路社交中。

有一次我開玩笑地跟朋友說：「知道人現在哪個部位最累嗎？是拇指，因為它得不停地在手機螢幕上滑動，從早到晚，忙碌不堪，所以未來如果人的哪個部位會再次進化，一定是拇指。」

如今，家用電話被人遺忘了，智慧手機諸多的功能中，通話功能也已經被邊緣化。很多人和朋友、客戶，只透過即時通訊聯繫，甚至與廠商合作數年，都沒有通過一次電話。美國有一份調查結果顯示：美國人每天的平均通話時間為八分鐘，而十七歲以下的則幾乎為零。在國內，這個平均日通話時間更短，還不到四分鐘。根據我們的經驗，日通話時間越短，意味著資訊傳遞的效率越差。

處處可見的「情感失真」

我的外甥女有一次到北京旅遊，她在火車上連續發了十幾條文字訊息，和一串表情符號給我，請我去接她。我覺得很奇怪，因為她不是一個搞怪的孩子啊。等見了面，她果然沒什麼改變，還是一臉嚴肅，和在即時通訊軟體中的表現完全不一樣。我說：「就不能打一個電話嗎？在電話裡一次說清楚，非得這麼麻煩地在手機上打字？」她回道：「不習慣啊，我好久沒打過電話了。」

社交軟體除了有即時通訊的功能，還提供各式各樣的表情包。這些表情包類型豐富，有的可愛，有的搞笑，有的炫酷，不斷地吸引著使用者，將它們作為聊天內容發送給對方，藉此來表達自己的心情，這也是人們喜歡網路社交的原因之一。隨著用戶習慣的養成，表情包功能也在不斷發展，呈現出多元化的趨勢。

但是，過度依賴表情符號和文字交流的方式，容易讓我們的社交出現「情感失真」的狀況。這種交流方式，掩蓋了雙方的真情實感，你看不到人，聽不到聲音，只是操縱著一堆程式碼進行資訊交換。如我的外甥女，她打了三十分鐘的字和發送了一堆表情符號，都不如一分鐘的通話，能讓我真實地感受到她的狀態。

過度依賴即時通訊工具，正讓我們在社交中的情感交流變得薄弱。對此，德國數位媒體行業的著名學者格拉爾德．萊姆克認為：社交溝通時，用文字和圖畫代替語言傳遞情感的效果，是極不理想的，它讓我們想表達的情緒受阻，而且失去正常人際溝通的親密感。對於社交的功能來說，親密感恰恰是一種非常珍貴的元素。

我們正在失去溝通能力

另外，對「拇指社交」的過度依賴，也讓人們開始失去「深度交談」的能力。過去，我們和朋友坐在一個沒有網路線和路由器的房間裡，泡上兩杯茶，面對面地交流，每次交談都像是經歷了一次參禪之旅。這樣的方式，能增進我們對彼此的了解，昇華友情。

但是現在，我們已經失去這種能力，每天只會拿起手機滑動拇指，進行著有一句沒一句的「說後即忘」型閒聊。放下手機後，你對剛才的溝通，沒有留下什麼深刻的印象，對對方的內心變化和真實意圖，也缺乏敏銳的感知，因為這樣的溝通，完全沒有深度。

北京大學的一位心理學教授對我說：「長期依賴短短的一段文字訊息，對溝通有著極大的危害，因為用它交流時產生的誤解，要遠遠多於面對面談話或電話直接溝通的時候。」

這位教授在二〇一七年，透過對三十名北大學生社交狀況做的調查得出觀點：習慣用通訊軟體溝通的學生，表面上有很多朋友，但他們維繫社交關係的能力相對較弱。

實際上，人們在文字訊息和表情符號的交流中，已經背離了與人溝通的正常方式，這會使他們失去在社交中與人交談，和清楚敘事的基本能力，也會使他們難以深入地了解交流對象，並藉此建立更穩固的關係。就像人們現在習慣用鍵盤打字，而對用筆書寫變得越來越陌生一樣。我有一位客戶自嘲地說：「因為習慣用手機和電腦打字，所以有時候簽合約時，會寫錯自己的名字。」

還有一點不容忽略的是，「拇指社交」讓人們很難篩選出優質的朋友。在日常的溝通行為中，依賴文字的人，無法從語氣中判斷對方的態度，也無法觀察到對方的肢體動作和表情，這就導致雙方可能存在深層的誤解，經常自以為了解對方，實則並不清楚雙方的真實關係為何。

正確理解何謂人際關係

很多人自以為懂社交，其實只是摸到了一點皮毛；很多人覺得自己是經營圈子的高手，其實就像是被困在籠子裡的一隻鳥，其眼界擺脫不了自己所在圈子的束縛。只有正確地理解朋友圈和社交的本質，才能真正提高社交的效能。

人們一直在「不對等社交」

嚮導魚是一種很有生存智慧的小魚，雖然身長不足三十公分，但是牠不僅不畏懼鯊魚，反而和其形成共生關係。牠吃鯊魚吃剩的食物，並為其清除口腔裡的寄生蟲，是鯊魚離不開的好幫手。反過來，嚮導魚也在鯊魚的庇護下，獲得海洋生存的安全保障。假如我們去統計海洋生物的社交形態，一定會把這兩者的關係列入其中。當你的層次逐漸提高後就會發現，真正的社交其實就是「價值交換」。有價值交換，我們的社交才是對等的。

一個人的社交圈，也是他的價值圈。例如，富人圈一般不會有打工族，因為這些人並不在他們的價值圈裡。為什麼強者很少和弱者打交道、交朋友呢？因為弱者不能給強者提供足夠的價值。

一個普遍的現象是，生活中大多數人在進行著「不對等社交」。舉一個簡單的例子，你在忙一項很重要的工作，急需高手的協助，這時卻有個朋友跑過來跟你聊天，聊的都是無關緊要的內容，他幫不了你，你也不需要他，這時你們進行的就是不對等社交。

再強大的人也有解決不了的問題，這就是你的機會。如果你一時進不了高階人士的圈子，那就從他們身邊的「嚮導魚」做起，提供你的「針對性價值」，解決那些他們解決不了的，或沒必要親自去解決的問題。在這個過程中，你可以鍛鍊自己的能力，一步一步地成長，最終實現與優秀人物的對等社交。

真正的「價值完全對等」幾乎是不存在的。想想看，你和其他人一樣，眼睛一直向上看，希望交到更優秀的朋友，由於他強你弱，所以你向對方提供的價值，一般都是不對等的；為了拉近距離，我們要像嚮導魚般找到對方的需求，然後滿足這種需求。對於向下交際的人來說，則要採取本書宣導的方式——透過「斷捨離」清理自己的朋友圈，避免出現僅是自己付出，而對方毫無回饋的情況。

造物主是公平的，誰都有機會爆發出最大的潛能。但是，如果你的時間，被無效和不對等的「向下交際」占用得太多，便會白白損失許多寶貴的時間，並長期處於損耗嚴重卻收益很小的情境。如此日復一日，年復一年，你的社交效能就會低得讓你無法忍受。

社交的本質

為了提高社交效能，我們首先要明白社交的本質是什麼。

社交的本質是人和人經由互動形成的連接網路。人是這張網路的中心，我們要做的，就是創造更多的連接點，從而讓其裂變為一張更大的關係網。其中，評判社交有效和無效的標準，就是這張關係網，對我們個人需求「實現度」的影響。實現度越高，社交效能越高，反之就越低。

因此，要區分我們的社交效能是高還是低，有三個必要的評判標準：

（1）你的社交需求是什麼？

（2）你是否與他人產生了有效連接？

（3）這種連接是否有潛力裂變成一張更大的關係網？

首先，你要理解的是社交需求。一般而言，人在社交中的需求表現為三種形式：一是情感需求，二是資訊需求，三是資源需求。你想滿足情感方面的需求，但是對方只能和你分享一些工作方面的資訊，而這類資訊你已經得到很多了，不需要他再來提供，那麼這個關係就是低效的。

其次，你要理解的是與他人產生有效連接的標準。人們在社交中的連接是富有活力的，並非只停留在打招呼、交換名片、記下電話號碼等行為上，它必須相互作用，持續互動、維繫和發展。在互動中，雙方有付出也有回報，彼此有個性的認同、優勢的互補和行為方式的契合。而興趣和需求作為一種社交資產，也會同步得到交換和滿足，雙方都需要投入時間、精力、金錢等各種社交成本，才有可能得到回報。

最後，你要理解什麼是潛力不斷擴大的關係網。在雙方均獲益的基礎上，人和人形成實質的連接，並開始與第三個人、第四個人……創建新的連接，結成多人連動的關係網，也就是朋友圈。這時你便建立了一個更為長久、堅實的社交關係，它的效能不再表現為一對一，而是多對一、多對多。在這張潛力不斷擴大的關係網中，你會逐漸看到一些「弱點」，即效能不高的連接。將它「斷捨離」出去，進行更新和升級，才能保證自己關係網的潛力是不斷擴大的。

假設你的某個關係網中有三十個人，其中有十個，是你在一個社交活動中打過照面，加過即時通訊，但只是偶爾聊幾句的人，那麼這種形式的社交便是一種「偽社交」，既不符合社交的本質，也不能滿足你大部分的需求。

真正有效的關係，是在雙方各自提供知識、經驗和資源，所創造出價值的過程中建立的，要彼此都獲益。只有這樣，你們的關係連接才算得上牢固，才能為高效能的社交打下基礎。

社交是為了實現「動態的成長」

一種高效能的社交，一定能促成動態的成長。讓我們回到社交本質的第三點，也就是潛力擴張型的關係網——我們要保證自己的社交連接，有潛力擴展成一張更大的關係網。

假如你朋友圈中的人彼此都很熟悉，如同學、親人、同事、同行，那麼你們的資訊重複度就會很高，你知道的東西可能他們也知道，你不知道的東西他們可能也不知道，無法互相幫助，這種關係網獲取資訊的效率就會很低，潛力便無法擴張。

如果你的關係網中是背景、工作、行業都不同的朋友，情況將會怎麼樣呢？這樣的朋友圈，其資訊重複度肯定不高，經由彼此的資訊交換，分享重要的資源，大家都能得到動態的成長。所以，後一種關係網應該是我們努力的方向，做到了這一點，我們就能收穫高效能的社交。

人際關係有三大圈層

日常生活中，人際關係分很多種，有與家人的、與朋友的、與同學的、與同事的、與主管的、與客戶的、與協力廠商的……很多人會把這些人際關係再進行分類，不同的標準畫出不同的分類方法。在本書中，我按照人際交往的動機，把人際關係劃分為三個圈層：以利益和價值為導向、以親情為導向、以興趣和交情為導向。接下來，我會詳細地講解一下這三種圈層的區別。

利益和價值為導向的圈層

處於這種圈層者，一般是我們的同事、上司和客戶，以及基於潛在的合作關係所結交的陌生人。

這種圈層有什麼特點呢？大家因為合作走到一起，為了共同完成一項工作或者目標，關係的雙方都希望藉由對方達成目標、獲得利益，這種利益不限於獲得資訊、贏得機會、提升地位、取得名利等。簡單來說，這是一種等價交換的人際關係，也可以說是功利的人際關係。

理解這層人際關係的本質，在今天顯得非常重要，尤其對於剛離開學校、步入職場沒多久的年輕人。習慣學校生活的你，進入職場後，可能會發現這是個殘酷的地方。你工作非常努力，也會加班晚走，卻換不來公司主管的肯定，得不到升職加薪的機會，上司也許還會在開會的時候，當著大家的面狠狠地批評你一頓。

這種情況多了，會讓你慢慢地對工作的熱情下降，牢騷增多，抱怨公司埋沒人才，覺得這裡不值得再繼續付出，於是想要跳槽。

跳槽的原因有很多種，馬雲曾經總結過，一是錢沒給到位，二是心受委屈了。這些原因都是存在的，你也一定有自己的理由。我不否認這些原因，只想請大家在吐槽公司管理差、主管沒眼光之餘，冷靜地想一下，為什麼公司不給你升職加薪？是不是你沒有理解職場關係的本質呢？

職場的人際關係就是典型的功利主義，它需要價值交換。你能為公司創造多少價值，公司就會給你相應的回報；你在主管的眼裡具有多少潛力，他就會在你身上投入多少資源。

為什麼公司不給你升職加薪？因為你沒有為公司創造更大的價值。

為什麼同事業務能力不如你，卻能受到公司的重用？因為他的過人之處沒有被你察覺到，或許他們在業務之外的能力更為珍貴，如社交手腕、人脈資源，可以幫公司談成更多的生意。

職場講究的是能力，一定要相信「能者為王」，有能力的人，才能在職場的人際關係中擁有主動權。不是說每個人都有勢利眼，能力才是敲門磚，是能力讓你走入別人的視野。你不一定出眾，但要有一顆想要出眾的心，只要有了這種信念，那變得出眾就是遲早的事。所以不要碎念抱怨不公，要學著從自己身上找問題。既然是等價交換的關係，如果你沒有獲得理想報酬，就說明對方沒有看出你相應的能力。只有提升自我價值，才能在利益交換中取得更多利益。

除了不理解職場的人際關係，年輕人還容易困惑的是——如何認識厲害的人。你是否也會經常遇到這種情況，自己誠心誠意地向「前輩」請教，對方卻敷衍了事；酒桌上認識了幾位神人，事後打電話或者發訊息給他，根本就石沉大海。

如果以前你有這方面的困惑，相信看到這裡也明白了，這種人際關係的本質也是等價交換。在你的能力得不到別人認可時，即便你有一萬個認識別人的理由，可能他也找不到一個認識你的理由。比起他需要你的程度，你更需要他。

和神人交往的時候，你需要轉化一下思維方式。不要一直想著「他能幫助我什麼」，而是要思考「我能為他做點什麼」。比認識朋友、找關係更有用的是，不斷提高自己的能力，具備被別人「利用」的價值。成熟的人都明白，那些所謂的神人之所以願意與你結交，是因為能從你身上獲得一定的價值。

以親情為導向的圈層

這個圈層中的關係，都是我們無法以利益和價值衡量的，出於各種原因，我們有照顧和關心他們的義務。因為這裡有我們的父母、愛人、孩子。對父母來說，作為子女，如果仍在讀書，那麼為了自己的前途，也為了父母的期待，我們認真讀書就可以了。

而當我們逐漸長大，社交圈子越來越廣，並且擁有自己的家庭和生活時，父母在我們心中的地位就慢慢偏移了。我們總是因為工作，或者與朋友之間的社交活動，不由自主地疏遠了父母。但實際上，父母對我們的期待非常簡單，只需要在保證自己生活穩定的同時，能夠多回家看看就好了。

父母撫養我們長大，供我們讀書，他們付出很多。我們只有結了婚有了孩子之後，才能對父母的艱辛有所體會。所以，我們需要經常回家看看父母，無論是出於感情還是出於義務，這都是必須做的。

當你組建家庭之後，還要為愛人、兒女負責。無論是教育兒女還是支撐家庭，都要義無反顧，在兒女面前做一個好榜樣，同時成為一個好老公或者好妻子，為自己的另一半，提供好的依靠。這不光是出於責任心，也是獲得幸福的一種方式。在這個關係圈層中，你要弄清主次，不要被其他社交關係過度消耗精力，而冷落了生命中最親近的人。這個圈層是離你生活最近的人，你不應該讓他們失望，因為他們是你可以停泊、棲息的港灣。

以興趣和交情為導向的圈層

總有人走入你內心的最深處，他們可能是你的同學，也可能是你結識不久的新朋友。他們在你困難的時候，毫不猶豫地伸出援手。你感激他們，也會把自己的想法和感受說給他們聽。你們真誠相待、親密無間；推心置腹、無話不談。你們有共同的興趣愛好，又彼此佩服，惺惺相惜。兩人都視對方為最好的朋友，而且彼此珍惜這份友誼。

然而，「花無百日紅，人無千日好」，人與人相處的時間長了，總會出現這樣或那樣的問題，有時候甚至會威脅到友情。

我們在與最好的朋友相處中，容易犯什麼樣的錯誤呢？可能在一些時候不夠稱職，把過多的抱怨和困難甩給了他們。沒有什麼關係是堅不可摧的，我們這樣做，其實是對友情的一種傷害。事實上，不可以把朋友間的友誼當作消耗品，也不行用金錢來衡量這種感情。無論你有如何富足的物質生活，當你碰到煩惱時，也會第一時間想起朋友，有時金錢解決不了的問題，朋友可以幫忙。即使他們也解決不了，至少也會為你打氣，在自己能力所及的範圍內扶你一把。

要懂得照顧朋友的感受，朋友之間的交流一定是雙向的，否則就不是交流，而只是單純的傾訴。你要給朋友吐露心聲的機會，在相處中建立平等的關係。如果朋友在你困難時，傾盡全力幫助你，那麼也請你在他陷入困境時，全心全意支援他。不要總是和朋友談論工作、生活中的不如意，偶爾發洩可以，但是經常喋喋不休可能會讓對方厭煩。想要維繫關係，最好的方法就是換位思考，只要你足夠善解人意，便能在任何關係中遊刃有餘。

重點輕複習

「斷捨離」是一個相互的過程。

不要害怕「被斷捨離」，這是高效能社交中必不可少的一環。既然你決定改變自己的社交模式，對無效社交進行「斷捨離」，那麼你也得理解別人依樣畫葫蘆。你要做的是找出自己「被斷捨離」的原因，改正自身的缺點，以免被更多的人從好友列表中刪除。對已經發生的事情，先接受，再找原因。

不再用電話交流，是無效社交的原因之一。

手機的設計初衷，是讓我們可以隨時隨地與他人聯絡，但如今它的功能越來越多，利用它打電話的時間卻越來越短。我們逐漸習慣使用寥寥幾句話、表情貼圖和語音訊息與人溝通，這種溝通無形之中，在人與人之間造成隔閡，使得社交的效能日益低下。

用圈子的觀念社交，就會成為籠中之鳥。

能夠經營好圈子，不代表能夠經營好社交生活。很多經營圈子的技巧，在社交生活中並不適用，只有了解朋友圈和社交的本質，才能有的放矢，真正提高自己的社交效能。

人際關係的本質。

人與人在社交中的連結是持續運動、發展的，沒有一成不變的社交關係。我們要和他人積極互動，在互動中的付出和回報，會加深這種連結。在這種互動中，雙方的優勢會互補。

在以利益和價值為導向的圈層中我們該做什麼？

這一圈層的人，是占據我們社交圈中最大比例者，既然是與他們進行資源互換，那我們最需要做的，就是讓自己強大起來，為自己填充價值。同時，要仔細甄選，不要讓那些沒有上進心的人，和我們的關係過於密切。既然想要提升自己，與他們走得太近，勢必會影響我們前進的腳步，所以要認清身邊的人，把握好與他們之間的距離。

在以親情為導向的圈層中我們該做什麼？

這一圈層主要包括我們的家人。請注意，不要讓其他圈層，影響我們對這個圈層的關注，這些人都是我們最親密的人，可以說，我們的生活是與他們一同組成的。這就要求我們不求回報地與他們相處，因為這是責任心的表現，為親人負責是我們的義務。

在以交情為導向的圈層中我們該做什麼？

不要把自己的抱怨，通通倒給那些走入我們內心深處的朋友。你的內心應該有更美好、更值得分享的東西，不要讓朋友被你的負面情緒淹沒，偶爾發洩可以，但不能變成常態。也不要用金錢來衡量感情。如果你的朋友在你困難時，盡心盡力地幫助過你，那你也該在他困難時，成為他最踏實的助力，將這段關係維繫得更好。

第四章

保留優質的人際關係，提升朋友的品質

我們都討厭保守、偏執的人，
喜歡上進、通達的人。
這是一個有趣的現象。
和行為極端的人做朋友是痛苦的，
即使他是一個天才，
但如果過於偏執，
恐怕也沒有人會想成為他的密友。

交心的朋友不必多，有幾個就可以了

人和人之間，始終存在著一個模糊卻不會消失的邊界，我們也可以稱其為「紅線」。無論多麼親密的關係，這條紅線始終存在。凡是不懂得尊重這條邊界，而隨意跨越過去的人，往往都交不到優質的朋友。邊界代表各自的獨立性，同時也反映我們在社交中，所能創造出的「舒適度」。

這和刺蝟效應的原理很相似。刺蝟在天冷時，總會靠到一起取暖，但牠們始終保持著一定的距離，以免刺傷對方。因為有刺，所以要有邊界。人和人之間也要保持安全距離，既不能太遠，也不能太近。尊重這個距離，才能維持優質的關係。

一個能讓你卸下偽裝的人

人們常說：「最好的關係是相處不累，不用互相提防。」如果有個人可以讓你卸下偽裝，不耍心機，也不用防備，那麼一旦他成為你的朋友，你就一定要好好珍惜。

美國著名的「投機之神」彼得．林區，被譽為史上最偉大的投資人，他對市場瞭若指掌，創造出連續十三年年複利二十六％的奇蹟。退休後的林區，曾向媒體闡述過他對於社交的見解：買股票需要反覆計算和冒險，但如果交友也這樣就太累了。朋友不是股票，不能每說一句話都要思前想後。

看看下面這四點，我們的朋友圈中有幾個人符合呢？

（1）不會嫉妒你的好運。當你在某些方面取得成就時，他絕不會眼紅，因為你的快樂就是他的快樂。當你遇挫失意時，他也不會嘲笑，而是向你提出自己的建議，幫你走出困境。

（2）不會相互玩弄心機。即使再有心機，也不會用在對方身上。相處時不用鉤心鬥角，沒有種種不確定的擔憂。

（3）互相保持善良。和朋友相處時，「善良相待」意味著心靈的純淨，這是最美好的關係，我們總是希望有這樣一個人，能讓自己毫無顧忌，傾注善良。

（4）在彼此面前不用過度掩飾自己的情緒。不論高興、難過還是憂慮，均無須遮遮掩掩。因為你們清楚對方的性格，了解彼此的為人，知道雙方是能夠分享喜悅、共擔悲傷的人。

符合這四點的人，便是我們朋友圈中的優質朋友。

一個真正的好朋友，不僅能包容你的缺點，也能助你揚長避短。從心靈層面來說，優質的朋友是共同成長的；從現實層面來說，優質的朋友則是能夠互相提攜的。

一個互相信任和尊重的人

我們曾針對「什麼是優質朋友的標準」這個問題，在全球發起過一項調查。大多數受訪者認為，「值得信賴」是一項必不可少的標準。如果一個人不值得信任，那麼他連普通朋友也算不上，更不用說是優質朋友了。

一位英國受訪者說：「我借錢給朋友，首先得相信他會還，否則我根本不會借給他，因為沒有信任就等同於有危險，誰願意拿自己的錢去冒險呢？」

信任讓人有安全感，而安全感是構成優質關係的基礎之一。我們延伸一下就能得出一個結論——不能在相處中提供安全感的人，就可以將其從朋友圈中刪除。

1. 信任涉及人格評判

「信任與否」決定了我們對一個人的人格評判。通俗地說，當你認為一個人不可信時，實際上就是在否定和貶損他的人格；當你認為一個人可信時，則是在認同和讚揚他的人格。一個人的「先天性格」，加上他「後天鍛鍊所形成的做人風格」，就構成了他的「人格」。

雖然人們與生俱來的先天性格無法控制，但在後天的鍛鍊中，我們能自主地掌控方向，經由養成良好的習慣來取信於人。我們既要結交可信的人，同時也要提升自己的「被信任感」。信任是人際交往中的第一個門檻，過不了這一關，就談不上其他的考驗。

2. 就算涉及利益紛爭，也要保持基本的尊重

「互相尊重」這四個字，說的是人際交往中的「平等性」，也是所有人際關係能夠健康發展的核心。沒有平等，也就沒有朋友。兩個人彼此獨立，誰也不渴

望從對方身上獲得什麼，只是在自身的方向上加倍努力，讓自己能夠配得上對方的信任，即便涉及利益問題，也不會強求對方屈從自己，這就是尊重的表現。

我們發現，凡是不健康的人際關係，交往雙方的地位也是非常不對等的，尤其在涉及利益糾葛時，總會形成互相敵視、勢如水火的局面，這時尊重也會蕩然無存。

一個不以利益為交友基礎的人

我們不得不承認，從古至今「利益」二字，一直存在於人際關係中。利益無處不在，影響著人們的選擇，決定著關係的深淺。不過，我們在交友時，要盡可能地減少利益對社交的影響，最起碼不能把它作為衡量友情的標準。

現實中的朋友，大致可分為兩種：一種是無工作關聯，卻有共同價值觀的人，在經過深入交流後變成了好朋友，這是建立在情感和興趣基礎上的；另一種是因工作相識，為共同完成一項工作，或者為同一目標而並肩作戰的人，合作的時間長了，慢慢變成好朋友。這兩種朋友的基礎不一樣，前者和利益的關係不大，後者則深受種種利益的影響，很難成為我們圈子裡的優質朋友。

我們要清楚地認識到，如果交友是以利益為基礎，那麼我們所信奉的友情，極有可能會在現實利益面前不堪一擊。不過，利益是考驗人性和良知的武器，我們能從中看到，什麼樣的人是值得結交和珍惜的，什麼樣的人則必須從此不再聯絡。

一個從不「控制」和「干涉」你的人

凱利認為，維持一種親密關係最好的方法是互相關心，但需保持一定的距離，避免干涉對方生活和工作中的自主權。他說：「要用一種開放心態和朋友交往，尊重他們的習慣和思維，不要企圖向他們灌輸自己的想法，強迫他們按你的節奏行事，因為他們不是你的私有財物。」

試圖干涉和控制朋友的人，註定會被朋友拋棄。哪怕是一件微不足道的事，也要給對方百分之百的決定權，否則你將碰觸到對方敏感的神經，埋下友情破裂的隱患。

1. 不要讓人覺得你獨斷專行

隆納．韋恩是蘋果公司三位聯合創始人之一，他和大名鼎鼎的賈伯斯，有過很長時間的相處經歷，兩人合作的商業前景被一致看好，但他最終卻以八百美元的價格，賣掉其所持有蘋果公司十％的股份。用今天的市值計算，這些股份的價值已經高達三百五十億美元。

不過韋恩毫不後悔，因為他覺得賈伯斯太獨斷專行，極難相處。擺脫賈伯斯對他而言，是一件愉快的事，他從此便能高興地做自己喜歡的事，而不用活在賈伯斯的控制之下。

他說：「賈伯斯是一個不善交際的控制狂，如果讓我在他和冰塊中選擇一個來取暖，我一定選擇躺在冰塊上，而不是去擁抱那個人。賈伯斯非常專注而果斷，如果他想要達成某項成果，你絕對不能擋著他，不然你的額頭會被踹上一個大大的腳印！」

很多人其實都是某種程度的「控制狂」，越是本事大的人，就越想控制一切。當你在某個領域擁有絕對的權威時，這種行事作風，很容易延伸到其他方面，而且，此項行為有時是很難自我察覺的。

喜歡干涉和控制別人的人，在朋友圈中都不太受歡迎，即使他們在很多方面有著過人的天賦，人們也不願意和他們做朋友。因此，千萬不要成為他人眼中「專斷」的人。

2.「控制慾」是讓人疏遠的毒藥

「控制慾」是殺死一切關係的罪魁禍首。它被嵌進我們的基因中，基因要求它的宿主，在群體中獲得最大的話語權，並以此來支配群體。通常人們將「控制慾」表現在以下兩個方面：

（1）要求別人聽從自己的指揮，服從自己的意志；

（2）要求別人學習和貫徹自己的觀念。

假使一個人經常用「如果不……就……」的句型，他便有成為控制狂的傾向。因為這種表現是不由自主的，是他內心潛意識的反映，他本人在很大程度上是意識不到的。控制狂的言談舉止，是一種由本能主導的行為，當你在身邊聽到有人這樣說話時，就要小心了——要遠離這種人，更別讓自己成為同類。

人際交往應該相互享受，而不是互相拖累

最好的關係是旗鼓相當

我經常對前來諮詢的人說：「為什麼你對別人那麼熱情，付出那麼多，別人卻對你沒感覺呢？最大的原因，就是你們之間沒有可以匹配的價值。你必須有足夠的能力或潛力，去匹配對方的能力，這樣才能建立一種平等的、舒適的關係。」

簡單地說，雖然你和一個人是朋友，同在一個圈子裡，但彼此貧富懸殊，學識和價值觀也有不小的差距，那麼，你們能否長期維持朋友關係呢？顯然不能。

無論我們如何強調人人平等，你都會在社交中深刻體會到一點：當你的能力無法匹配對方，你的性格和價值觀，也與對方截然不同時，你們的關係就會失衡。

這種差距，決定了你們不可能建立真正平等的關係。或許，你們能夠一直維持某種「認識」的狀態，但你進入不了對方的核心圈子。

所以，想建立良好的人際關係，雙方一定要旗鼓相當。

為此，我們一定要懂得以下兩點：

1. 不要在朋友圈裡「故步自封」

我有一次受邀去華盛頓州立大學講課，因為早到了三十分鐘，便和活動舉辦方的人員，站在教室的一個角落，悄悄地觀察來聽課的人，都是和誰一起進來的。我們知道，當人們去參加一項集體活動時，往往會和要好的朋友一起去，他們一般都是同一個核心圈子的密友。這些結伴而來的人，大多是興趣相近、性情相投的。這些小群體的個體差距不大，大約在同一水平線上。

我們追求平等的關係，就要保證自己在能力上，和朋友沒有明顯的差距。另一方面，我們又要突破這種絕對平等的觀念，實現和對方優勢互補。也就是我不斷強調的：別在一個圈子裡故步自封，要始終向上看，學習不同領域的知識，提升自己在朋友圈中的價值。

2. 跟上別人的思想和價值觀

為了讓那些比你強的人，與你相處時感到舒適，你就要縮小彼此之間的差距。要有上進心，不做保守、偏執的人。要看到別人的優點，以彌補自己的不足。如果跟不上對方的思想和價值觀，又沒有上進的態度，那麼別人憑什麼跟你做朋友。

因此，我們要保證和優秀朋友的價值觀相匹配，並學習他們身上的優點，進而逐漸完善自己。

可以信賴，絕不能依賴

我的一位朋友平時對別人特別依賴，並且成了習慣，總以為自己出現問題時，依賴的人能立刻幫他解決，以致當事情的走勢有悖預期時，他便無法接受了，因為他把希望完全寄託在別人身上。對此，他反思說：「有些人你可以期待，但絕不能依賴。這個世界上，你唯一能依靠的只有自己。」

有時即便是你非常親近、信任的人，也不要完全依賴他替你解決關鍵問題。朋友只是一個必要的輔助，但代替不了你。現實中很多所謂的「死黨」，就是因為對彼此的依賴太深，對對方寄予太多不切實際的期望，最後使友情走到盡頭。

你們可以有過命的交情，可以有深度的信賴，但絕不能失掉自己的重心，一定要懂得靠自己。

提升自己解決問題的能力，是贏得他人尊重的基礎。再怎麼相互吸引、彼此信任的兩個人，雙方還是會有許多不同。當這種關係的「蜜月期」一過，便不可避免地會產生摩擦。想要避開摩擦，唯一的辦法就是提升自己解決問題的能力，讓自己能夠站得住、立得直，從而贏得別人的尊重，獲得朋友的好感。

跳出舒適圈

我們常常在說圈子，但圈子的本質是什麼？以前我在哈佛大學講社交課時，用一句話為圈子下了定義：「圈子是一座安全屋，也是一個牢籠。」我告訴他們，人不能沒有自己的圈子，假使被困在一個一成不變的圈子裡，也是一種失敗。我們要勇於跳出圈子的邊界，在不同的圈子間尋找交集，升級社交，讓圈子為我們的生活和工作服務。

大多數人一旦有了固定的交際圈，就只想窩在自己的舒適圈裡，寧願一輩子只做熟悉的事情，只與熟悉的人交往，這叫畫地自限。如果你固執地堅守自己的圈子，拒絕任何改變，那麼你的圈子會越來越窄，沒有任何新奇的事物，也不會有任何多餘的感知。儘管你還年輕，但你的人生已經被畫上句號。

我們對朋友圈做減法的目的之一，就是從思想上放棄對圈子的依賴，尋求更舒適、更高效的關係模式。成功者往往都是敢於不斷跳出圈子的人，他們的人際關係是流動的；失敗者大多只會畫「圈」為牢，他們的人際關係是固定不變的。

那麼，我們應該如何做呢？

第一，主動走出「舒適圈」。

人的本性是好逸惡勞的，不要懷疑這一點。我們所有的自律、奮鬥等積極向上的行為，都與人的本性相反，因此這類行為，才顯得尤為可貴。大部分人在大學畢業後，都會選擇一種安逸的生活，殊不知這種安逸，恰恰是把你困死在一個圈子裡的壁壘，封閉了你人生的上限。只有當你勇敢地、主動地跨出這種環境所形成的舒適圈時，才算是邁出社交升級和人生向上的第一步。

第二，走進新的且是自己需要的圈子。

這裡要求你能根據自己的實際情況，跳出舊的圈子後，再找到一個新的圈子，然後大膽地走進去。對此你要有一個明確的目標，然後根據目標，找出可以幫助你成功的人，再分析並進入他們所在的圈子。

跳出圈子需要注意幾點：必須確立一個明確的目標——發展方向，必須聯繫實際——符合需要，必須懂得靈活變通——方法得當。

第三，為新的圈子投資。

經常有人問我：「如何投資自己的圈子？」這樣問的人，能看到社交的重要性，也願意為走進一個新的圈子投資，但他不清楚如何做，效果才是最好的。首先，任何投資都是需要先付出才會有回報，人際關係的升級也是如此；其次，投資社交要有眼光、有格局，要基於長遠的收益去採取行動。例如，多與優秀的朋友進行知識、思想層面的溝通，不要過於急切地試圖與之交易。在進行社交升級時，只有做到以上幾點，我們才能擺脫圈子的束縛，擁有高品質的社交。

找到一個能夠交心的朋友

①你的「靈魂伴侶」是誰？你找到了嗎？

②你真的理解什麼是「交心」嗎？

③你的朋友圈中有一個能交心的人嗎？

請先思考一下這三個問題，然後搜索腦海和翻閱通訊錄，看看你能否找到一個這樣的身影。「靈魂伴侶」是我們在心靈層面的朋友，也許始於利益，但一定終於心靈。這種關係不一定是終生的，但卻是一種非常必要的、可以超越物質的友誼，這樣的人不需要太多，有一個就行。

我有一位這樣的朋友，他是我大學的同班同學，畢業後我們各奔東西，忙自己的事業，因為相隔千里，所以有近十年沒見面了。不過，我們會定期通電話、發郵件，雖是簡單的問候，但因為沒有物質方面的連接和糾葛，所以心靈層面的交流反而更多了。這樣的關係，比那些頻繁見面的社交關係來得更為深厚，也更讓人舒適。

人和人能夠交心的表現是：在內心有著堅實的信任與理解，沒有溝通障礙和顧慮；可以互相提供良好的建議；來去自由，不強求對方必須履行朋友的義務，而是注重心靈的交會。一個交心的朋友，為我們貢獻的是思想上的價值。

假如你也有一位這樣的朋友，一定要在自己的核心圈層中，為他留下充足的空間，這是任何時候，都不能被「斷捨離」的。

隨時說再見，隨時再相見

凱利在一次交流時，問了我一個問題：「朋友的最高境界是什麼？」我的回答是：「既能親密無間，也可相忘於江湖。」能隨時說再見，也能隨時再相見，也就是前面所說的「來去自由」。

這個境界要怎麼理解呢？具體地說，就是雙方的關係，不會因距離的變化而彼此疏遠，也不會因時間的流逝而變得淡漠。我們不會向對方提出，任何違背彼此意志和價值觀的要求，充分尊重和理解彼此。能擁有這樣的關係，是我們的幸運，一定要好好珍惜。

一定要結交的四種人

在你窮困時願意借錢給你的人

窮困是人生中最不想遇到的情況，這種時候還願意借錢給我們的人，絕對是生命中的貴人。在我們必須結識的幾類人中，這種人應排在第一位，我們對他們不僅要知恩圖報，還要把他們當作生命中最重要的朋友。

幾年前的一個夜晚，從事石油和天然氣生意的霍特爾，拖著疲倦的身軀回家，遠遠地看到一個身影，正在自己家門口徘徊。起初他以為是小偷，就悄悄地從其後方摸過去，準備大喝一聲將其制伏，等走到近前卻鬆了口氣，原來這個人是他的朋友邁克，華爾街一家投資公司的副總裁。

「怎麼了？」

「哦，沒什麼。」

從兩句簡單的對話中，霍特爾嗅出一絲不同尋常的味道。在那個已有些寒冷的深秋，美國股市每天都有不好的消息傳出，道瓊指數不斷下跌，不少投資者和私募基金者賠得一塌糊塗，甚至有一些做高槓桿的從業人員選擇自殺。於是，他立刻想到邁克在這場金融風暴中，也一定遇到過不去的門檻。

霍特爾打開門，把邁克請進客廳，幫他泡了一杯咖啡。十分鐘後，霍特爾便明白了，曾經擁有上千萬美元資產的邁克，不僅在幾天前破產，現在還欠了銀行和投資者一屁股債。他的公司剛剛關門，有上百人失去了工作，而他已山窮水盡，毫無辦法。

「邁克，你打算怎麼辦？」

「我不知道。」

「好吧，我們先出去吃一點兒東西。」

霍特爾用了半個晚上的時間和邁克聊天，他清楚地知道，這位朋友此時最需要什麼。同時他也理解一個人為何會失敗，因為他自己也經歷過重大的挫折。有些挫折不是人的問題，而是環境導致的。霍特爾對此很有經驗，在他的開導下，邁克的心情好了很多。

霍特爾讓邁克意識到，其實自己並非無路可走，現在事業出了問題，只不過是碰上一個壞的形勢。而且，霍特爾願意借給他一大筆錢，幫他償還債務。

借錢後的一個月內，霍特爾每天定時打電話給邁克，有時一天通話三四次，詢問他的想法。霍特爾做了萬全的準備，因為在那個自殺頻傳的「季節」，任何的意外都要提防。在他的幫助下，邁克艱難地踏上重新起步的路途。

三年後，邁克成了一家大型投資公司的總裁，他接受《華爾街日報》的邀請，撰寫一篇金融危機期間的故事，向讀者講述自己是如何東山再起的。在文章的開頭，他用真誠而感激的話語寫道：「獻給我最親愛的朋友霍特爾，沒有你，就沒有我今天的一切。」

有人說：「巔峰時誕生了一批虛偽的粉絲，黃昏時則見證了一群真正的信徒。」這句話用來概括邁克的經歷非常形象。那些真正值得結交的朋友，不是在你巔峰時，殷勤跑來獻花的追隨者，而是在你落魄困窘時，仍然願意相信你、幫助你的生死之交。

我們每個人都需要一位像霍特爾這樣的朋友，他慷慨仗義、熱情大方、扶危濟困，和他成為朋友，就等於擁有一根落難時的救命稻草，和一位樂於助人的心靈導師，他能在你最困難的時刻，給予你最有力的幫助和最貼心的撫慰。

人的一生不可能總是一帆風順，難免會失利、受挫，或面臨某些極端的困境，憑藉個人的力量很難走出來，這時候往往需要別人的幫助。此時有一些人願意幫你，但發現其實他們是有條件的。這種幫助並不是雪中送炭，更像是趁火打劫。真正的「患難之交」，則會站在一個客觀的角度，幫你分析問題，鼓勵你重新振作，並且無條件地提供必要的支持。這才是我們最需要的朋友。

所以，你應該重點結交那些當你貧困時，仍然願意幫助你的人，「貧困」除了會帶來煩惱、痛苦，還能精確地檢驗哪些人才是你真正的朋友。

幫你指路並提拔你的人

人人都想要一個能在關鍵時刻，為自己指點迷津的人生導師。當你的人生變得迷茫，或事業處於低谷時，如果有人可以和你交心長談，幫你做針對性的分析，擬周全的應對計畫，並指明方向，那將大大縮短你走出困境的時間，降低你生活和事業上「折騰」的成本。在這樣一位人生導師的指引下，我們能夠很快地找到正確的方向，迅速地從低潮中走出來。

一個能為我們領路和提供上升機遇的人，是很值得我們珍惜的朋友。在生活中，當我們遇到重大的挫折，或深深陷入泥淖時，許多人都會選擇漠不關心和冷眼旁觀，這時能站出來幫忙的朋友，都是真正的朋友。

你可能早已體會過，在生活中感到困惑時，朋友一個信任的眼神，就能成為你強大的動力；在工作中迷失方向時，朋友的鼓勵，就能讓你在想要放棄時重拾信心，繼續努力向前。

願意讓利、不計得失的人

現實生活中，斤斤計較、拒不讓步的人隨處可見。他們的眼中，不存在「讓利」、「雙贏」這些商業文明的詞彙，只有成為最風光的那一個，才是他們追求的目標。就像電視劇中的一句台詞：「往前進一步是如此之難，我為何還要退半步？不退！」他們不懂得讓步，處事也是非常強勢的，往往把很小的得失看得非常重。在我看來，這樣的人是最不可結交之人。

我們評判一個人是否成熟、理性的標準之一，就是看這個人是不是喜歡跟人爭長短、論輸贏。如果是，那這個人就是很不成熟的，儘量別跟他成為關係過於密切的朋友。反過來說，一個懂得適當讓利、尋求雙贏的人，才是值得結交的。

凱利在哈佛大學任教時，和同事哈雷根．托夫的關係很不好，兩人處處槓上，經常為一些雞毛蒜皮的事爭吵。哈雷根後來離開哈佛大學去矽谷發展，成了一家基金會的主席。這家基金會有一項業務，是專款支持各所大學人文學科的研究，其中就包括凱利負責的項目。

「當我聽說這個項目未來的命運，握在哈雷根的手中時，我整個人彷彿被澆了一盆冰水，我認為他會藉這個機會來報復我。」凱利說，「但令我想不到的是，哈雷根主動打電話給我，不僅加大對哈佛大學的支持力度，還減少了兩項附加條件，給了我很多研究方面的便利。」

這件事如同一顆神奇的藥丸，改變了凱利和哈雷根的關係。凱利突然意識到，哈雷根是一個值得尊重的朋友，他顧全大局，不挾私報復；他成人之美、公正廉明，不計較個人恩怨。其實，我們身邊也有不少這樣優秀的人，就看你能否發現並結識他們。

願意分享、能共擔責任的人

1. 越優秀的人越願意分享

優秀的人總是願意分享，分享既能幫助他人，也能為自己帶來快樂，這是一個永恆不變的法則。那些優秀的人，無時無刻不在將自己的知識、資源進行共用；而那些不愛分享的人，要嘛是吝嗇，要嘛是囊中羞澀，後者可以理解，前者則是一種自私的表現。吝嗇的人自我封閉，拒絕和人交流，他們自以為是地保持著一種偏見，想要從人群中獨立出去，以冷酷的心面對世界。

因為拒絕分享，吝嗇的人路越走越窄，接觸到的資訊也越來越有限，他們變得效能低下，與時代脫軌。

懂得分享的人，是真正理解社交本質的高效能人士，他們明白，只有將自己的知識、資源等源源不斷地輸出，與眾人共用，才能連接其他優秀人物，來獲得一加一大於二的效果，從而更美好地實現雙贏。

2. 能共擔責任，才能一起進步

請用心觀察一下，身邊那些在各自領域成績不凡的朋友。你會發現一個現象：

這些優秀的人，不但樂於分享自己的資源，而且做事還都具有很強的責任心。反之，那些拒絕分享的人，往往也不願意承擔責任。他們總是擔心被別人超越，也不想因為擔起責任，而讓自己處於不利境地。生活、工作中交到這樣的朋友，你只會被他們消耗，一點兒益處都沒有。

一旦遇到願意和你共擔責任的人，你就應該珍惜，因為他們會是你生活和事業中，強而有力的幫手。你們一起攜手，一定能開創一個嶄新的局面，大家都能從中受益，變得越來越好。

重點輕複習

能讓人舒適，才是優質關係。

能否讓他人感到與你交往是舒適的，乃衡量你社交能力的標準之一，雙方都能感到舒適，才是優質關係。生活中常常有兩種人：一種人不顧他人感受，只想著讓自己舒適，對社交擁有強烈的主導慾；另一種人哪怕自己不舒適受委屈，也要讓他人感到舒適，否則自己就會心有不安。

別苛求別人為你做某件事。

要學會理解對方的難處，不要苛求他人為你做什麼事情。如果你不希望被朋友強求，去做一些自己不想做或者很難做到的事情，那就更不應如此強求你的朋友。想要與朋友構建一種和諧的關係，就得學著理解朋友的難處，不要總是把難題丟給他們。

社交必須基於互相尊重。

互相尊重是決定社交紐帶是否牢固的條件之一，也決定人際關係是否健康。我們要尊重朋友，建立關係的目的，不是從對方身上汲取資源，而是各自保持思想獨立，尊重對方但不會為了利益問題相互屈從，這樣的社交關係，才是我們認可的。

友情有時會在現實利益面前不堪一擊。

我們所信奉的友情，經常會受到考驗，而這種考驗也是一種歷練，因為被利益捆綁的朋友，很難說不會為了利益拋棄你。利益是人性和良知的試金石，透過它，我們能找到值得保持聯絡的朋友，也可以過濾出不值得結交的人。在友情受到利益考驗的時候，你要為你朋友接下來的選擇做好心理準備。

維持親密關係的最好方法不是頻繁地聯繫。

頻繁聯繫不是維持親密關係的好方法。人與人彼此之間要適當留白，給對方留下私人空間，不要干涉對方學習、工作的自主權。否則在對方看來，你就是一個擁有強烈控制慾的人，他會不由自主地疏遠你，因為在你侵犯到他的私人領域時，就等於你沒有尊重對方的習慣和思維，容易引起對方反感。

各方面不能匹配的朋友，一定要斷開連結。

與人交往之前，要先學會判斷，能否與其維持長久的朋友關係。我們在結交朋友時，偶爾會忽略彼此在學識、地位以及見識上的差距，如果差距過大，你們的價值觀就會有很大的不同，這會導致雙方在面對選擇時，難以達成共識，久而久之，在思想上的偏差會越來越大，最後可能做不成朋友。

對社交要建立起一條紅線。

不要過於依賴和你關係親密的人，不要總依靠他人來解決問題。朋友可以在你困難的時候充當幫手，拉你一把，但不要把他們當作解決問題的工具。過於依賴對方，只會逼得他抽身而出，沒有人可以無限制地承受太多期待。

學著跳出社交舒適圈。

如果有了一種固定、安穩的人際關係，那麼大多數人是不會主動打破這種局面的。許多人都不習慣改變，會窩在舒適圈中，與相熟的人交往，而不去開拓新的關係網。這種思維是影響人們進步的最大障礙，把自己的人生圈在原地，毫無生機。做出改變是進步的第一槍，要學著邁出這一步，學著跳出舒適圈。

找到真正值得結交的朋友。

什麼樣的朋友是真正值得結交的呢？能否有具體的判斷標準？衡量一個人是否真正值得結交，不是看他會不會為你錦上添花，而是看他能不能為你雪中送炭。

金錢和地位也不是判斷標準，他人的財富多少和你沒有關係，能在你困難的時候伸出援手，才是真正想和你結交，而且不計較你當下處境的人。

別跟人爭長短、論輸贏。

爭長短、論輸贏是一種不成熟的表現，因為雙方會在爭辯的開始，便放棄傾聽，都希望自己獲得勝利，所以早就不在意對錯了。在動機上，爭輸贏是沒有意義的。為了分勝負，人們暗自較勁，互不讓步，斤斤計較，這是一種缺乏胸襟的表現。為了輸贏不顧對方的感受也是一種任性。在我看來，缺乏胸襟、任性的人不可交，至少別和他們成為推心置腹的朋友。

要學會和特定的朋友交心。

每個人的心裡都有一道門檻，把自己的真實想法和祕密保存在其後。這樣做其實是很累人的，你可以選擇和自己關係親密的朋友交心，在沒有爭論、沒有顧慮的狀態下，兩個人順暢地交流。每個人都需要這樣一個朋友，來分擔孤獨。

第五章

清理無效的人際關係

當你打開衣櫃，
發現裡面掛滿舊衣服，
沒有放新衣服的空間，
這時你會怎麼做呢？
你肯定受不了這種情況，
然後趕緊整理衣櫃，
把不穿的舊衣服清理出來，
將剛買的新衣服掛進去。
其實，人脈的清理和更替也是如此。

減輕社交負擔五大原則

大多數人都是擬訂計畫的高手，但是執行計畫時往往猶豫不決。比如本想下定決心，刪去無用的聯絡人，減少無效的社交，但最後一個也沒刪，反而多了幾個不熟的朋友。出現這種情況的原因之一，就是缺乏明確的、可執行的原則。當你以實際行動貫徹下面的五項原則後，就能確實有效地淨化自己的朋友圈了。

選擇性「斷捨離」

要基於自己的目標，對朋友圈進行清理，也就是說要有目的性，不是隨便而衝動地清理。在網路社會中，每天推送來的海量資訊，容易讓人思緒混亂，不知道該如何選擇。但只要不陷入其中，失去選擇的能力，始終保持頭腦清醒，做出決定就不難。要想「斷捨離」，選擇是一種壓力，我們必須建立一個「基於自己的目標做選擇」的原則：

（1）產生社交目標。我需要哪些朋友？

（2）產生評估報告。我當下的朋友符合嗎？

（3）產生選擇計畫。我該剔除哪些人？

跟著這三個步驟走，你就會發現「斷捨離」其實是一個非常輕鬆的過程。我們每做出一個正確的選擇，社交空間就會加大一些。

從此時、此刻、此地開始

什麼是「從此時、此刻、此地開始」呢？就是不要等了，而是現在就拿起手機，打開通訊錄，想一下「我要刪除哪個聯絡人」，然後果斷地把他刪除，不要有絲毫的猶豫。當你發現一段關係需要「斷捨離」時，無須管他是過去認識多少年的朋友，還是未來能用得到的貴人，只要現在判定可以與之斷開連結，就立刻切斷，別再留戀。

最少，但最好

朋友圈的人數，能滿足我們的需求就可以了，不要過於追求數量，人數多了反而會變成沉重的負擔。

你可以想一想：「沒有這些人，我的生活會有壞的改變嗎？會發生什麼不好的事情嗎？」如果不會，那就完全不需要他們。

除了做到最少，還要做到最好。有一個叫彼得的英國人，號稱是全世界朋友最多的人，他儲存了兩萬多人的電話號碼，而且跟大部分人都有聯繫，但幾年後，彼得說以後不會再交這麼多朋友了，徹底放棄自己過去的交友原則。因為在他遇到事情的時候，眾多的朋友要嘛拒絕幫助，要嘛沒有能力幫忙。

我們也是這樣，雖然朋友圈的人很多，但大多數不是薄情寡恩，就是能力有限，和我們沒有交集，也沒有共同的目標，因此交朋友應該「少而精」，而不貪多。我們應該把有益的朋友留下，清理掉那些和我們沒有交集，卻還不斷在朋友圈發小廣告的人。

有加法也有減法

我把這一項稱為「呼吸原則」。有時人在喘氣時，會覺得憋得慌，有窒息的感覺，原因是所處的空間狹小，需要開窗通風，呼吸新鮮空氣。呼的過程是減，吸的過程是加。人際關係好比呼吸，「斷捨離」也應該是一個有加有減的「社交升級」過程——用優質關係更替劣質關係。

當你打開衣櫃，發現裡面掛滿舊衣服，沒有放新衣服的空間，這時你會怎麼做呢？你肯定受不了這種情況，然後趕緊整理衣櫃，把不穿的舊衣服清理出來，將剛買的新衣服掛進去。其實，人脈的清理和更替也是如此。

聚焦和深耕原則

減輕社交負擔是一個減少社交廣度、增加社交深度的過程。這個過程可以比喻為修剪一棵樹，我們只有剪掉多餘的枝葉，才能把營養盡可能地分配給樹幹和根鬚，為樹根提供繼續向下生長的營養，這就是聚焦和「深耕」。人際關係不能盲目地拓展，而是要有目的去「深耕」一個領域，讓自己成為這個領域最具權威和最受歡迎的人。

通訊錄中七十%的聯絡人可以立即刪除

我的一位朋友陳先生，從我大學時認識他直到今天，他始終是一個外向的人，人緣特別好。他為自己的社交關係感到自豪，經常向妻子炫耀社交軟體上有多少好友，多少群組，自己在朋友、親人、同事和同學中是多麼受歡迎。不過，維繫這麼多的關係，要付出的時間和精力太多了，這讓他疲憊不堪。

二〇一八年秋天，陳先生做了一個實驗，他決定刪除沒有太多交集的人，退出過去使用的大部分社交軟體，不再聯繫八十%的朋友，讓自己暫時清靜幾天，看看這樣做會發生什麼事。他把除父母、親人、重要同事和客戶外的其他聯絡人，全部從好友中刪除了，也退出除了工作群組外的其他群組。

陳先生說：「我一邊刪除一邊擔心著：明天我的電話會不會被打爆？會不會

有很多人發訊息問我到底出了什麼事？朋友發現我不在他們群組了，是不是會認為我的身體出了什麼大變故？一定會討論到半夜吧？搞不好會有人上門來找我。我這樣想著，既忐忑不安又有些激動，一個晚上都沒睡好。」

做完這件事時恰逢周末，陳先生一直睡到上午十一點，睜開眼睛的那一刻，他便下意識地拿起手機，打開一看什麼動靜都沒有，沒有電話，也沒有訊息，好像什麼事都沒有發生過。

你其實沒有那麼重要

陳先生十分震驚，不死心地登入社交軟體，卻發現一切都和平時沒什麼兩樣，也沒有人重新申請加他為好友，這和他的預想完全不同。他只好安慰自己：「今天是休息日，是不是大家都還沒有起床，還沒有發現我已經從他們的世界中消失了？等會兒他們上線了，一定會大吃一驚吧，搞不好哥兒們待會就會開車過來找我聊天了，要不然也會打電話『質問』我，平時我們在群組裡，聊得可是熱熱鬧鬧呢。」

他決定再等一等，因為他不相信自己退出群組對朋友毫無影響。結果這一等就是兩天，陳先生為此吃不下睡不好，不時拿著手機發呆，但這期間沒有任何人打電話給他，更沒有人利用即時通訊找他聊天，或者重新加他為好友。

陳先生大受刺激，他的三觀被顛覆了，也對社交有了全新的認識。他曾認為自己在朋友的心目中，是特別重要的人，人們喜歡圍著他轉，他就是圈子的中心。但是現在，他發現自己想太多了，太天真了。雖然為別人付出了那麼多，努力維繫這些圈子，但其實沒有人把他當一回事。

意識到這一點以後，陳先生發現刪除這些社交關係是很有必要的，他要找回失去的寶貴時光，重新建設自己的社交圈。陳先生沒去加回刪掉的朋友和群組，也不再幼稚地等待那些人來聯繫自己。他將通訊錄和網路聯絡人再次整理一遍，又刪掉一些不常聯繫的人，只保留與自己聯繫緊密的人。

拋棄「增量思維」，改用「增質思維」

人們似乎都習慣用增量的思維來行動，這是本能。例如：吃飽了還要再吃，因為很好吃；認識的人越多越好，朋友不嫌多，總有用得到的一天；很多東西不管有用沒用，不停地重複買，越堆越多；手機通訊錄的號碼在增加，聚會次數也在增加。

一切都在膨脹，唯一減少的是留給自己的時間，時間怎麼擠都不夠用，社交的收效很低，回家後還會感到身心俱疲。不知不覺中，增量思維已經讓人掉進一個大坑裡，這個坑不停地變深，讓人連爬上來的慾望也沒有了。

一味地追求數量，只會讓你在耗費大量時間、精力及其他成本之後，仍得到一個失敗的結果：你既沒有維護好自己的朋友圈，也沒有做好自己的事業。解決的辦法只有一個：拋棄「增量思維」，改用「增質思維」。不追求數量，而是建設品質。我們要將增量思維扔進垃圾堆，大膽地清理通訊錄，這樣才能看到不一樣的結果。

有七十%的電話號碼不需要

這是我經過四年調查得出的法則：通訊錄中有七十%左右的電話號碼，是派不上用場的。

我有一次接到一個電話，是通訊錄中的「熟人」打來的，三個月前我們互換了名片，交談得十分愉快。電話接通後，聽到的卻是一個試探的聲音：

「喂，請問你是李老師嗎？」

「啊，是的。」

然後就沒了下文。掛斷電話後，我立刻刪掉他的電話號碼。

我們手機裡儲存的多數聯絡人，都是這種性質的，不信你可以找出一些好幾個月沒聯絡的人打個電話過去，你一定會聽到十分意外和冷漠的聲音，他們並不想接聽你的電話，也不想和你有任何交集，但是你們互相還保留著電話號碼。

這些聯絡人是應該立刻刪除的。你根本不需要記住他們的電話號碼，因為你們的連結是無效的，是缺乏成長性的。

我的建議是，每周抽出半個小時來清理自己的通訊錄，使人數保持在兩百左右即可。同時，你要將這兩百人做詳細的分類：家人與核心朋友、固定客戶和潛在客戶。記下重要人物的聯繫方式，把他們放到你的核心圈層。至於其他人，並不重要。

找出那些最該刪掉的人

太多的無效聯絡人和無用社交，吞噬掉我們大量的時間，當下的社交任務，便是把這些亟須清理的無用聯絡人找出來：

（1）合併那些是同一個卻有多組號碼的人；

（2）刪掉那些已經數個月沒有聯絡，並且記不起他是做什麼的、有什麼價值的人；

（3）將與你缺乏共同話題，還互相討厭的人列入黑名單。

我的建議是，為你的通訊錄增加一個「備註」選項，每當認識一個不怎麼熟悉的人時，就為他做一個簡單的備註，記下他的身分、背景以及你們之間的關係，這能為之後通訊錄的整理工作，提供基本的依據。

區分「工作關係」和「生活中的朋友」

在處理社交關係時，很多人分不清楚工作和生活的界限，將它們混為一談，這就會帶來一些比較糟糕的後果：工作沒搞好，朋友也做不成。不過，隨著社交網路的發展和社交理念的升級，我們已經擁有處理好這類關係的策略，能夠將兩者進行合理的區分，將有利益矛盾或情感連接的部分，從特定的關係中清除掉，保持一種相對簡單的聯繫。

別把工作關係和友情混為一談

工作關係和友情常常是混在一起的，而只要這兩種關係產生交集，就會有一些不可預測的麻煩和困擾出現。

凱利說：「和同事競爭，我們考慮的東西一點都不複雜，對面就是『敵人』，你只需要集中精力打倒他，在競爭中取勝就可以，這符合社會的道德原則；但當這種競爭摻雜了私人關係時，我們就會面臨道德上的考驗。一方面，雙方都想獲得事業上的成功；另一方面，彼此又不能接受背叛友誼的痛苦和心理上的壓力。不論怎麼做，你都會有重大的損失。」

他說出了工作和友情之間的矛盾之處。我們必須避免讓自己陷入這種困境，並及時將這兩種關係徹底分開。

注意區分四層關係

第一層，親密而長期的關係。

愛人、父母、孩子是距離我們靈魂最近的核心層，是我們人生的支柱，缺了他們中的任何一個，對我們都是很大的打擊。

第二層，親戚和朋友關係。

親戚是由親情連接起來的，朋友是由興趣湊在一起的，他們共同構成一個人的基本社交圈。這兩類關係和我們都沒有重大的利益衝突，反而能提供比較真誠和重要的指導或建議。上述兩種是需要重點經營的，是不可輕易「斷捨離」的。

第三層，工作關係。

這是由工作關係組成的圈層，包括同事（上下級）、客戶和與工作相關的聯絡人。這層關係不屬於核心圈層，卻對事業發展影響巨大，因此需要高度重視。整理時應先進行簡單的分類，把所有的人列出清單，評估價值，從中找到志趣相投、能夠互相支持的重點人物，形成長期、固定的關係，其他人則可以刪除。

第四層，由前三層衍生出的關係。

這些關係是由核心社交圈和工作關係衍生出來的，並依附於它們而存在。而且，你還以自己作為中間的橋梁，把圈子裡互不相識的人連接在一起，形成新的朋友圈。這一層關係是動態變化的，可以視情況隨時改變他們的位置。合得來的便進入自己的基本社交圈，反之則「斷捨離」，或將他們放到外面不重要的圈層。

生活中沒有一成不變的關係，區分和定義自己的聯絡人時，要有對的心態，接受你和他們在長期的互動中，價值與社交意願的變化，並做出相應的改變。

如何對待工作中的私人關係？

就像前面所說，我們在工作中，要儘量避免過多的私人交往。這不是說不能在工作裡發展私人關係，而是說認為私人關係有助於開展工作的觀念是錯誤的。

工作中的私人關係大致有兩種，一種是裙帶關係，例如主管用手中的權力，讓公司內自己的親戚、朋友升職加薪。倘若這些人勤奮聰明，這樣做算是知人善任、「內舉不避親」。假使他們懶散怠惰，這樣做不僅是任人唯親，而且會干擾公司人事任免，不利於人才的選拔，對其他員工來說，也非常不公平，主管自己恐怕也要背上以權謀私的惡名。長遠來看，這會影響公司的正常發展。

另一種是拉幫結派，在公司裡搞小圈圈。有些人慣於投機取巧，想方設法為自己牟利。他們總愛在公司耍一些小動作，不時對一些員工施以小恩小惠，企圖拉攏，目的是有朝一日，這些人能為己所用，成為自己升職的助力，或者在跳槽時一併帶走。

我們工作通常服務的是公司，從公司獲得薪水，接受公司的安排。不管是誰，都應該經由正當途徑，努力工作，靠自己的業績來升職加薪，而不是別有用心地西瓜靠大邊，或者與某些人結成利益同盟，指望他們提攜、幫襯。即便你努力工作沒有換來較好的待遇，至少也問心無愧。

反之，參與那些見不得人的勾當，極有可能會讓你身敗名裂。所以說，工作中最好不要搞私人關係，也不要配合別人搞私人關係，不管你是大權在握的主管，還是初來乍到的新人，都不要蹚這趟渾水。

隔離生意和友情

無論什麼時候，都不要將友情當作牟利的工具。

二〇一六年，有一位朱女士找我諮詢問題。據她陳述，有一個做產品代理的朋友，總是利用兩人的友情向她推銷產品，把她當成一個固定的出貨管道，她越來越討厭這個人。朱女士很苦惱，不明白她們的關係，為什麼會發展到這種地步。

雖然開始時，她就以「自己手頭很緊」婉拒過，但朋友總是「大方」地說：「你可以先拿去用，將來有錢再給我，我們這麼熟，不用算得太清楚。」

朱女士第一次沒能拒絕成功，朋友的產品就源源不斷地從外地寄過來。在她使用一段時間之後，朋友就會問她效果如何，然後繼續寄產品，請她持續使用。朱女士從朋友那裡購買了許多無用的產品，但她又不好意思不給錢，因為朋友最後總是用「周轉困難」這樣的理由，來暗示她付錢。

像朱女士朋友這種人，生活中並不少見，他們在利益的驅使下，利用友誼來發展自己的生意。

面對這樣的人，正確的處理方式應該是：將友情和生意徹底分開。人和人的友情有時很脆弱，完全經不起金錢的考驗，當一段關係開始變質時，不要有絲毫的猶豫，馬上將其列入「斷捨離」的名單，別給對方占便宜的機會。你並不欠他什麼，你最需要關心的是自己。

你的手機多久沒關機了？

隨著手機功能越來越強大，人們越來越離不開它，不論走到哪兒，都會帶著手機。沒有它，我們好像什麼事都做不了，特別是拓展業務、與客戶溝通、向主管彙報工作，只要一支手機在手，就可以隨時隨地進行。

換言之，現在的社交越來越依賴手機，沒有手機，人們就會不知所措。所以當我提出「關掉手機」，來協助社交的「斷捨離」時，許多人第一個反應都是牴觸的。

你有沒有手機焦慮症？

二〇一七年十一月，居住在芝加哥的媒體工作者費厄姆，被心理醫師確診為

「手機焦慮症」。也就是說，手機變成他的情緒穩定器，只要離開手機半分鐘，他就會坐立不安，手心出汗，情緒波動，注意力不集中。

在看醫生之前，他的情況就已經很嚴重了，上廁所、洗澡都要帶著手機，就連去打開電視機，他也要拿著它——儘管手機就放在電視機對面的沙發上。他還隨身攜帶充電線，只要手機電量低於六十%，費厄姆就擔心自己會因為手機電量不足，而與整個世界失去聯繫。

對於手機關機或沒有訊號的恐懼，是社交焦慮症的主要表現之一。患者不能容忍一秒鐘無法與人聯絡的情況，所以會迫不及待地，想要找到能正常使用手機的地方。

有一次，費厄姆和朋友們，一起參加當地戶外俱樂部組織的登山活動。在進入深山時，他的手機無法連線，也沒有訊號，當然就不能使用推特（Twitter）和網路上的朋友交流，更不能接聽和撥打電話。

費厄姆頓時滿頭大汗，宛如一隻迷途的羔羊。他追上前面每一個登山隊員，詢問他們的手機是否有訊號。在得知所有人的手機都斷訊時，他緊緊地抓住領隊的手，驚恐地問：「我們的手機都沒有訊號，萬一遇到危險，要怎麼和外界聯絡呢？」

領隊安慰他說：「放心吧，兄弟，過了這段路就沒事了，我有經驗，這條路線我已經走過幾十次了。」

然而費厄姆聽不進去，他的臉上寫滿不安，心中充滿惶恐，彷彿天就要塌了一般。一路上，他的眼睛始終盯著自己的手機，希望看到訊號變回滿格。

大夥兒提醒他：「只盯著手機螢幕是不安全的，請留意腳下。再說了，手機也並非登山的必備品，只要有求救信號發射器就行了。我們有很多次的戶外活動都是不帶手機的，又不是時時刻刻都要和山下的朋友聯絡。」

但這並不能讓費厄姆放下心來，他依然聽不進去，不久，他的身體開始不受控制地顫抖，眼看著就要癱倒在地。有隊員發現費厄姆的情況不對勁，便立刻告訴領隊。出於對他健康狀況的考量，領隊和兩名隊員扶著他走下山，等到了一個相對空曠的地方，便馬上撥打求救電話，費厄姆的登山之旅就此結束。從此以後，這家戶外俱樂部就把他列為「黑名單」，不允許他再參加相關的活動。

費厄姆的情況，是社交焦慮症中最為嚴重的一種，他對於手機的依賴，已經深入骨髓，很難改掉了。

數年前，我們研究小組在四個大城市的酒吧、商場等地方做隨機調查，採訪了很多人。當研究人員向被採訪者走過去時，每個人都在埋頭看手機，沒有人注意到有人朝他們走來。

等研究人員表明採訪意圖，詢問他們是如何看待使用手機的，被採訪者均坦言，手機與自己早已合為一體，用手機聊天是他們生活的重要組成部分，他們與手機不可能分割。有時候手機放在口袋裡，就算沒有人聯繫，他們也會不時拿出來看一眼。或許他們早就厭倦這個習慣，但本能驅使著他們，一遍又一遍地這麼做。

重度手機依賴人群的年齡，主要集中在十八歲到三十歲。對於這些人來說，別說關掉手機，就是讓他們半小時內不看手機一眼，都很難做到。有一位受訪者說：「我的手機已經兩年半沒關機了，上一次關機還是因為故障，自動關機的。」

我們的研究人員問他：「你不覺得面對面地交流更好嗎？大家可以聚在一起深度溝通，享受現實生活。」

這位受訪者笑了：「該說的都在手機上說完了，見了面還有什麼好說的，抱著手機各玩各的吧。」

「能戒掉這種習慣嗎？」

「你說玩手機？不能！」

「手機焦慮症」是在網路時代出現的，用手機交流正取代面對面的溝通，同時也向我們發出一則警訊：網路社交讓人們的朋友圈越來越臃腫，人數越來越多，可是人與人之間的距離卻越來越遠。

手機可以充當重要的工作設備，但是大多數人二十四小時不關機，並不都是出於工作需要，因為晚上十二點以後，除特殊情況外，幾乎不會有工作電話。社交的需求讓人選擇把手機放在枕頭邊，以便隨時查看來電和新資訊。人們習慣將所有的時間優先安排給社交，一旦手機關機，這種「優先性」被打破，焦慮就會出現。

人們根本不能忍受沒有手機的生活。

做一次全面檢查

普林斯頓大學人際關係學教授、心理醫師康妮認為：「社交不能完全依賴手機，否則早晚會影響我們的生活品質。這種情況的出現，離不開人們的焦慮和無聊。不清楚如何安排時間的我們，除了社交還有更重要的事情嗎？假如你沒有一個有意義的現實目標來占用時間，你就會不由自主地用手機打發時間。手機總是能乘虛而入，它提供了一種極具誘惑力的『意義』。」

缺乏獨處能力，是產生「手機焦慮症」的重要原因。現在很多年輕人宅在家裡，不願意走出家門，更不想和別人長時間交流，但對社交又有強烈渴望，於是手機便成了最好的選擇。在手機裡面，他們能建設一個完美的朋友圈，一個不需要走出去就能獲得的理想世界。

擺脫「手機焦慮症」相當困難，但並非無計可施。現在，先給自己做一次全面檢查。

① 從來不關手機，凌晨有人發來訊息也會立刻查看；
② 頻繁地刷新社交軟體上的資訊，時常查看手機的電量和朋友圈的新動態；
③ 如果出門超過半個小時，就一定會隨身攜帶充電線或行動電源；
④ 不論做什麼，都要把手機放在構得著的地方，甚至抱著它入睡；
⑤ 時常以為自己的手機在響，習慣性地拿起來看看；
⑥ 在工作時無法集中精力，每隔幾分鐘就想玩一下手機；
⑦ 如果出門發現忘了帶手機，不管已經走了多遠，寧可遲到也會回去拿。

只要滿足上面七項中的任兩項，就說明你已經罹患「手機焦慮症」，手機成了你連接外界最重要的一條通道。

這種現象如果持續下去，我們很可能成為手機的奴隸，而如果長時間處於虛擬世界的社交網路中，會讓我們難與人們建立真正的連結，得到的也只是虛擬的友誼。

關機，立刻邁出第一步

只有關掉手機，你才能清醒地認識到，自己並沒有想像中的那麼重要。有一次，我做了一個「斷捨離實驗」，故意欠費讓手機停了兩天。這期間我的情緒很糟糕，坐立不安，覺得自己的手機，一定會收到許多人因打不通而發的訊息。

兩天後的早晨，我繳清費用，手機恢復通話，但是除了必要的工作聯繫（電話沒打通，對方就發郵件，沒有重複撥打），沒有任何訊息進來，連親戚都無聲無息。這個結果是我之前沒有預料到的。

俗話說，無論發生什麼事，地球都照樣運轉。我們有時自我感覺良好，天真地以為朋友、同學、同事會不時惦記我們，為了與他們保持聯繫，我們的手機二十四小時待命，其實這只是一廂情願。生活中，每個人都有自己的事要做，誰會一天到晚想著他人，虛度光陰。因此，非工作時間你大可放心地關掉手機，回歸日常，做自己該做的事。

減少曝光，適度保持神祕感

減輕社交負擔的一個核心原則，是要強制將自己的「社交曝光度」降低，也就是說，別讓人一眼看穿你。在人際交往中，只有讓自己保持一定的神祕感，才能增強社交吸引力，但是與一般的理解不同，我所宣導的神祕感，更多的是依靠自身內在的提高而實現。

值得注意的是，擅長營造神祕感的人，在人們眼中的形象，往往比不擅此道的人更高大，個人魅力也更加出眾。因為好奇心是人類的天性，人們對於自己接觸不到和看不透的東西，自然有一種探索本能，所以你越神祕，別人就越想了解你，也越想接近你。當你為自己成功地營造出一種神祕感時，人們反而會自發地被你吸引，你也能得到更多優質的社交資源。

暴露隱私是最蠢的行為

第一，警惕公共場合他人無聲「竊取」你的資訊。

「被人了解」是可以的，但如果過分暴露則會帶來危險。人們對你的了解越多，對你本人可能就越不感興趣。在公共場合和他人面前，要保持足夠的神祕感，你需要做的是——當別人詢問你的情況時，要小心應對，另外，你有權利以保護隱私為由，將任何人的詢問，擋在交流的大門之外。

例如，走出辦公室，有不太熟的人問你去哪裡時，無須坦誠相告。你可以這樣說：「我很快回來。」切斷與外界不必要的資訊連接，是做到「斷捨離」必備的一種技能。

第二，在網路上不要暴露隱私。

網路使我們的生活更便捷的同時，也透過各式各樣的平台、軟體等管道，將我們的資訊有意無意地洩露出去。最可怕的是，在你發送資訊時，很難意識到會有什麼後果。你以為自己是在和潛在的朋友交流，建設你的朋友圈，實際上卻是將隱私免費分享出去。當你展示自己時，別人就會透過這些資訊，來分析你的方方面面，絲毫不需要當面溝通，便能經由大數據技術了解你。

今天，人們喜歡在社交平台上，發布各種生活動態，以此來刷存在感。公開這些資訊，並不能證明你的生活有多麼美好，反而讓自己變得毫無隱私可言。

如果你真的想讓優質社交資源向你靠攏，從現在起，就不要再頻繁更新自己在社交平台上的動態，更不要暴露你的地理位置。學會保護隱私，是提升社交效能的關鍵環節。所以我經常建議人們，關閉自己的朋友圈動態，別再輕易發表沒有營養的內容。在朋友圈中沉默六個月，你並不會失去這個世界。

適當特立獨行

我鼓勵人們在適當的時候，成為一名真正的「獨行俠」。簡單地說，即便朋友很多，也儘量不要和他們一起成群結隊地出現，要從人群裡跳出來，按自己的風格行事，做一個特立獨行的人。

社交關係中最重要的能力是什麼？是我們在社交行動中的自主性。想要給人留下一個充足的想像空間，就得自己主宰行動，而不是被人呼來喝去，或者總是和別人一起冒出來，那樣會讓你喪失自我，也會讓別人看到一個從眾、沒有思想的你。保持與人來往，但不要時刻濫竽充數，或者唯他人馬首是瞻。只有這樣，你才能感覺到自己是一個獨立的個體，既能進入圈子，也能隨時從圈子裡抽離。

巧妙掩飾情緒

第一，提高自己的抗壓力。

一個抗壓力差的人遇到變故便會慌慌張張，容易被情緒左右。這樣的人在社交中，總會表現出軟弱的一面，情緒波動大且容易依賴他人。而高效能人士，則向來都是控制情緒的高手，哪怕是遇到天大的事情，他們也能從容不迫地應對。

高效能人士並非沒有情緒和感情的波動，也絕不是不害怕壓力，而是能夠很快地調整自己的情緒，尤其在眾人面前，可以穩定地控制自我。他們能比常人更快地冷靜下來思考，然後將問題解決。在壓力面前，掩飾自己的情緒，並盡可能快速解開糾結，這是我們需要做到的。

第二，有釋放壓力的個人空間。

掩飾情緒不等於要將消極的東西全部「自我消化」，而是要掌握平衡和釋放壓力的方法。壞情緒也需要一個突破口，定期地排解出去才能減壓。

當在日常生活中遇到精神上的困擾，而感到壓力倍增時，我不鼓勵你強忍著吞下去。你可以找自己最信任的人傾訴，也可以尋求心理醫師的幫助。我還建議你為自己準備一個封閉的小房間，例如拳擊室等，當需要發洩時，就把自己關在裡面，獨自待上半個小時。另外，心理學家研究表明，「摔東西」是宣洩情緒最有效的途徑，但要儘量避免影響到別人。

壓力過大，會給我們的社交帶來很多麻煩，能輕巧地將壓力釋放出去，是一種非常了不起的本領。

有節制地表現

每個人都有爭強好勝的一面，特別是在自己喜歡的人面前，或者有老闆出席的場合，總想要露一手，得到對方的讚美，給對方留下好印象，從而拉近彼此的關係，達到社交的目的。

換言之，就是愛表現，想要利用這個方式，彰顯自己的優秀和特別。如果時機恰當，事情進展順利，這樣做的確會讓人刮目相看；萬一出現差池，不但自己尷尬，而且可能給人留下做事冒失、愛出風頭的壞印象，也會動搖你的信心，破壞你的社交基礎。

每個人都有自己的圈子，在圈子裡都要遵行圈子的規則。倘若有人不顧他人的感受，一意孤行，一定會招致大家的反感。輕者，被看不慣的人批評教育；重者，大家集體與其保持距離。

在這個即時通訊盛行的時代，人們或多或少都會加入幾個群組，有的人為了表現自己的與眾不同，一有空就在群組裡分享一些敏感的內容，結果引來大家的指責，緊接著被踢出群組。所以，表現要看場合，看時機，不能一味蠻幹，要有所節制。你喜歡的東西，不一定大家都喜歡；你覺得稀鬆平常的事情，可能在別人那兒討厭至極。

即使你擁有一技之長，也不要在圈子裡肆無忌憚地展示。假如平時你給人的印象是比較低調的，但在恰當的時機，突然展示出自己某些方面的能力，替別人解決問題，那麼人們對你的印象，會比你平時就將這些能力展示出來要好很多。這種具有強烈反差的結果，非常有助於你提升社交魅力。

無論多忙都要堅持閱讀

一個人的談吐，會傳遞給別人很多東西，如暴露出他走過的路、讀過的書，以及思維方式。所以我常跟人說，社交其實是一個人思維方式的反映。有的人容貌並不出眾，為什麼人們認為他很有吸引力？因為相由心生，一個內在豐富的人，一定是非常有魅力的——他懂得別人不懂的知識，擁有別人所沒有的寬廣視野。因此，要將社交之外的時間多用來閱讀，讓自己的思路更加開闊。

另外，閱讀也要有所選擇。古人說，「讀書使人明智」。我們要多讀一些能夠豐富知識、增長見識的書籍，特別是那些經過時間證明的經典。我們可以透過閱讀，從經典中汲取營養，變得「腹有詩書氣自華」，從而成為社交場上受歡迎的人。

重點輕複習

再厲害的人也有解決不了的問題。

高層次人士不是全能的，也有自己解決不了的問題。如果你想和他們交往，讓自己更上一層樓，就要想辦法幫他們解決他們不擅長解決的問題，這樣做不僅可以鍛鍊能力，還能獲得他們的認可和尊重。

多交可以資訊互補的朋友。

擴大自己的朋友圈，去結交一些不同領域的朋友，有助於拓寬眼界。如果你的朋友圈裡，只有與你相熟的朋友、同學或者家人，這樣的社交效率就不會很高，發展的空間也很小。拓寬自己的交際面，會成為你的發展助力，使你更快速了解新的資訊，否則你的資訊容易一再重複，某種程度上也會阻礙你的發展。社交必須是動態的，你與你的朋友共用資源，共同成長，發展空間才會不可限量。

人永遠要專注於自己的成長。

如果你想要在一個優質的社交圈中，占據相對重要的位置，那麼你所具有的能力，就是你的資本。只有讓別人看到你的內在潛力，你才能被關注。

學會忍受沒有手機的生活。

手機在社交生活中占有一席之地，但隨著其功能的多樣化，它也成了一種干擾。手機可能會使你無法專心工作、學習，你要學著把手機放遠，忍受沒有手機的生活，不要對它產生依賴，以免被社交工具本身限制。你應該學會支配手機，而不是被手機支配。

減輕社交負擔，就是放棄無用空間。

減輕社交負擔是減去繁瑣、無用的社交，因為它們會降低你的社交效率，消耗你的精力，讓你無法在真正重要的事情上集中精神，進而荒廢時光。

停止拖延，立刻行動。

拖延是不可取的，你現在不想做的事，以後多半也不會做。除非拖延到無法逃避的程度，否則你都會設法一拖再拖。失去優先順序的事情，其重要性也會隨著拖延而逐步降低，最終使你失去動力，將它拋在腦後。

分清量和質的區別。

「量變能引起質變」這個原則，並不是對所有事情都適用。追求數量確實會讓你的社交圈子變得更大，但是會導致你沒有精力維護它。就像沒有打好地基的建築物一樣，本身就不夠穩固，如果建得再高一些，就會變得搖搖欲墜，終有一天全部倒塌。

增強自己的抗壓力。

壓力容易讓人慌張、焦慮，但又難以迴避，所以我們應該好好訓練自己的抗壓力。學著在壓力中把事情做好，學會控制自己的情緒，然後從容不迫、冷靜自若地解決問題。

第六章

如何認識各行各業佼佼者

如果你不夠優秀，
你的人脈關係網就不可能強大。
同理可證，高質量的人脈不是追求來的，
而是憑實力吸引來的。
承認自己的能力有限，找出需要提升的部分，
是優化社交效能、讓自己變得更有魅力的前提。

朋友很少，也不要「病急亂投醫」

萊納德是芝加哥大學的一位人際關係學家，他說：「人生在世，朋友到底是什麼呢？朋友就是男人指間的香菸，女人枕邊的零食。有了他們，我們的生活就會變得充實有趣，人生也會更加完美。但如果沒有他們，我們的生活其實也不會有多大的變化。」

萊納德要表達的意思是，社交固然重要，但並非不可或缺，尤其是那種「知己式」的好朋友，寧缺毋濫，要嘛一個都沒有，要有就得是信得過、值得交的。千萬不要因為害怕孤獨，就盲目地結交朋友，並且不加分辨，即認為對方就是自己的知己，做出「剃頭擔子一頭熱」的事。

他講了一個發生在鄰居家的真實故事。鄰居剛從外地搬來時，女兒芬妮跟隨父母來到本地上高中。她很內向，性格有點孤僻，又因為是轉學生，所以到下學期還沒有交到一個新朋友。同時，芬妮的行為也有些不正常，雖然每天按時上下學，但放學一回家，就把自己鎖在房間裡上網，很少和父母交流。我們都知道，越是這樣的人，在社交上就越容易出問題。

由於芬妮性格一向如此，父母也沒覺察出什麼異常，他們認為女兒可能就是喜歡獨來獨往，不願意和人交談，二人在勸說多次之後沒什麼效果，也就不再多言。直到員警打電話來的那天晚上，他們都無法相信一向乖巧的女兒，竟然和街上的「不良分子」有來往，且涉嫌犯罪。

原來，芬妮在社交平台上，為一個名叫「孤獨會上癮」的群組所吸引，並加入其中，進入這個群組的每個人，都要「坦白」自己的年齡、所在地、性格、職業等個人資訊，然後就有一群先加入者歡迎這些新人。

起初，大家聊天時所分享的，都是關於性格、人際關係和心理方面的問題。很多人都說自己有孤獨症，身邊沒有朋友，也融不進社會群體生活等，大家都渴望生命中出現一位知音。

芬妮對此感同身受，慢慢地也向他們敞開心扉，並且和幾個聊得不錯的人成了朋友，沒想到對方就住在附近。此後，幾個人就開始約芬妮見面，並慫恿她翹課。

一開始，芬妮很為難，因為這不是她想做的事情。雖然芬妮處理不好人際關係，交不到朋友，但她是一個遵守紀律的好學生。不過，她同時又把這些人當作朋友，甚至是難得的知音，為此她心中十分矛盾。而這些人不斷地給她洗腦，告訴她：

「年輕人就要瘋狂，盡情宣洩自己的激情！」

「沒逃過學的人生一定會有遺憾。」

「走吧，我們帶你去尋找真正的自由！」

開始聽到這些話時，芬妮很抗拒，但聽多了之後，她也覺得很有道理。慢慢地，芬妮的心理發生變化，她開始認同對方的觀點，覺得自己活得太「卑微」了，需要一點瘋狂，就這樣，她性格中的叛逆被這些人啟動了。

芬妮在網路上結交的「好朋友」，其實都是一些輟學的年輕人。不再上課之後，他們沒有正當工作，經常流竄街頭尋釁滋事，或者泡在網咖、夜店等娛樂場所，其中有兩名男孩還進過警察局。

芬妮被他們開啟「瘋狂的人生」之後，還偷偷紋身，學會撒謊、翹課，常常以身體不舒服要去看醫生為由，翻牆出去和這些朋友見面。這次員警打電話給她的父母，是因為她和一樁竊盜案有關。

前不久，芬妮翹課和朋友們出去玩，他們到一家便利商店購買飲料，付款時發現店內只有一名年齡較大的女員工。她的兩個朋友頓時心生歹意，在付了飲料錢後，讓芬妮在門外等著，然後他們從店內偷了很多東西出來，還催促芬妮趕緊叫計程車。芬妮聽從了他們的指示。

當天晚上，便利商店的人發現東西丟了，便報了警。員警根據監視器，只花了四十分鐘就找到他們。芬妮認為自己與此事無關，但她的兩個朋友卻一口咬定，是她在外面把風的。芬妮百口莫辯，成了這樁竊盜案的參與者。

當員警問芬妮為什麼要和這些人交往時，她回答，是因為自己在學校沒有一個好朋友，所以感覺特別孤獨，這幾個人和她聊得來，讓她打開心扉。她覺得不能失去這些朋友，否則自己的人生就太可憐了。

其實生活裡有很多和芬妮一樣的人，他們在現實中很難交到朋友，就把所有的希望都寄託在網路上。「病急亂投醫」的下場，就是變得盲目、愚昧，只要有人願意和自己多聊幾句，便以為對方就是自己的好朋友了。殊不知，就算是熟人，也會在我們面前刻意地偽裝，閉口不談他們真正的缺點，更何況是陌生人。

尤其在虛擬世界中，人們都會偽裝，只展示「好」的一面，並不斷放大某些包裝出來的優點，而將「惡」的那一面深深地隱藏起來。這就容易使人產生一種錯覺，認為自己交到的朋友是一個很優秀的人，並把對方當成生命中不可或缺的知己。

不要因為缺少朋友而去社交

很多人會因為缺少朋友而去社交。他們非常盲目，且會相信一些並不真正了解的人。就像芬妮一樣，她以為自己的朋友，在社交軟體上願意承認某些缺點（輟學、社交恐懼症等），就是一片赤誠，但他們「道德缺失」這個最大的缺點，一開始並沒有暴露出來。我們常說交朋友要謹慎，說的就是要認清這些難以分辨的行為表現。

現在，不少成年人也和芬妮犯一樣的錯誤，由於他們耐不住寂寞，忍受不了孤獨，就開始盲目地結交朋友，以打發空虛的時間，根本不在意交朋友的品質。這種胡亂的交友行為，並不能使他們的人際關係得到改善，對提高生活品質也沒有任何幫助，只會讓他們更加孤獨。

所以，不要因為內心孤獨和情感空虛，就輕易結交朋友，也不要隨隨便便地相信任何一個人。只有使自己變得強大，承受沒有知己和朋友的痛苦，才能塑造一個堅強、理性和智慧的「自我」。

朋友再多，不如一個知己

也許你已經有很多朋友，卻沒有一個知己。知己是什麼？就是我們生命中的「靈魂伴侶」。他是一個從心靈層面理解你、支持你的人，是不管你遇到什麼困難，他都能和你共同承擔，而不用擔心會有其他看法的人。

現實中，知己未必就在你的身邊，他可能在其他城市，甚至其他國家。你們可能也不常聯繫，但只要遇到困難，他一定是你第一個想起的人。知己總是能不負所托，幫我們開出最好的「處方」，永遠給我們最多的理解和支援。

相較於其他關係，知己對於兩個人的精神契合度要求很高，無論是價值觀、知識層次還是認知水準，都要有很好的默契。這意味著，尋找知己是非常困難的，但正因如此，才顯出知己的可貴。知己可遇而不可求，遇到了一定要珍惜。

為什麼你認識他，他卻不認識你？

劉江是國內一家創投公司的首席執行長，前不久，公司剛完成第二輪融資，前景大好。幾年前，他還是一個默默無聞的小人物，現在已成了商界的後起之秀，更是社交場上的紅人，很多有實力的投資人都想認識他。

談及過去，劉江頓時變得滔滔不絕。他說：「那時，我拿著專案資料四處找機會，天天背著幾公斤重的文件去拜訪大人物，希望他們能投資我的公司。有一次，我接觸到某個人，彼此相談甚歡，感覺很投緣，就互留了電話號碼。我很興奮，原以為這是一個不可錯過的貴人，第二天，便發給他一條長訊息，闡述我的想法，他沒回覆，於是我又打了一個電話，想和他約時間聊聊，但我聽到的答案只有兩個字，『沒空』。」

商場上，很多人可能都遭遇過這種無情的拒絕，以為和對方互留電話號碼、加了即時通訊，對方應該就能幫上忙，但他們忘記了最重要的事情：只有實力旗鼓相當，雙方才有進一步接觸的可能。

二〇一七年三月，我在某學院和一些老師與在職研究生，分享「自我管理」的課程時，一位年輕的博士生向我提問：「平時我工作很忙，卻常碰到一些不速之客想認識我，邀我出去吃飯，我該不該拒絕？如果拒絕，這會不會讓我失去重要的關係？」這是一個很有意思的問題，與社交相關。

我對他說：「只有對社會貢獻大的人，才能在社會上收穫有價值的社交！」別總想著要認識多少朋友，要想著努力提升自己，當你成為一個有價值的人時，你的社交面自然就擴大了，這是水到渠成的事情。

他說：「我在還沒拿到博士學位之前，很少有人主動找我，過去的同事、客戶都不太理我，現在我明白為什麼有人要找我了，因為我進步了，他們以後可能需要我。」

最後，我希望他把時間多花在自己的科研專案上，沒必要為擴大社交面而浪費時間。不僅如此，我還勸他抽空整理一下通訊錄，清理不再聯繫的手機號碼，給社交減輕負擔。

想讓別人認識你，請先打造你自己

如果你不夠優秀，你的人脈關係網就不可能強大。同理可證，高質量的人脈不是追求來的，而是憑實力吸引來的。承認自己的能力有限，找出需要提升的部分，是優化社交效能、讓自己變得更有吸引力的前提。當你實力不夠時，在社交中要量力而行；當你實力夠強時，再去思考如何結交高質量的朋友。

二〇〇九年，我參加了一個為期六個月的心理學課程，這幫我拿到了一份重要的結業證書。但這件事純屬偶然，那年我在一場業餘體育比賽中摔斷了腿，臥床好幾個月。這段時間我沒辦法做事，就在床邊的一個小本子上寫了一行字：每天打一個電話給菲利克斯。

菲利克斯是華盛頓的一名心理醫師，也是我的朋友。他知道臥床不起的病人非常寂寞，總希望與人聊聊天，就請我把定期和他通話的事記在備忘錄上，他每天會給我預留半個小時的時間。

我就按照他的指示，和他在電話中聊一些心理學問題。他雖然很忙，但還是會抽出時間陪我聊天。我們從心理學基礎知識一直聊到臨床應用，又擴大到公關和人際關係領域。再後來，他決定在我痊癒後，邀請我參加心理學專業知識的學習。我要感謝菲利克斯，他讓我學到新知識，掌握新技能。經由這個領域的學習，我又交到很多好朋友。

打造好自己，就等於打造好人脈。事實上，雖然我從事近二十年的公關工作和人際關係的研究，並在拓展人脈方面有獨到的心得，但我仍然覺得靠人脈獲得的成功，是非常虛幻的，因為最重要的驅動力始終是我們自己——只有自己足夠強大，社交才是真正有效的。

這並不是說，從此以後我們就不用關心身邊的任何人，而是要分清主次，最重要的是自己，其次才是別人。我只是想提醒人們，別高估社交的作用，不要以為自己用很多時間處理人際關係，就會有很好的回報。如果你不信，那請再次瀏覽手機通訊錄裡的名字，看看有多少人已經很久沒聯絡了，即使你對他們十分熱情，也不會有幾個人回應你。每個人的時間都是有限的，最終你必須依靠自己的能力來吸引周圍的人，而不要指望有人會主動找上你。

六條需要謹記的常識

在如何處理人際關係上，我提供以下六項需要謹記的常識：

（1）朋友圈的品質取決於自己的能力——要專注於提升自己；

（2）賺錢的技能越多，社交的能力就越高——要學習更多更好的技能；

（3）你的吸引力強不強，取決於你是否值得交往——要成為一個值得交往的人；

（4）不給他人製造麻煩——要用你的自立能力贏得別人的尊重；

（5）以能力對能力，以態度對態度——要儘量躲開那些沒有自立能力和態度的人；

（6）花在自己身上的時間越多，變優秀的機率就越高——要把主要的時間和資源砸在自己身上，而不是浪費在別人身上。

尋求價值匹配，展示你被人需要的能力

說到「高效能社交」，我想起美國總公司的助理克莉斯蒂娜，問過我的一個問題。她說：「李總，當別人對我愛理不理時，該如何處理？」我回答：「沒法處理。」她苦著臉說：「那我就沒有社交了。」

顯然，從上述對話中你能感覺到，克莉絲蒂娜是個不那麼有趣的女孩。她的日常生活和大部分人一樣，都是「三點一線」，但她的「三點一線」是公司、商場和家，中間沒有「客戶」，也沒有朋友。

作為助理，很多時候她需要去見客戶，做好居中的協調工作，這需要有良好的溝通能力，克莉絲蒂娜卻對此萬分恐懼。所以工作僅六個月，她就被我調離職位，並連降三級，成為一名普通的櫃台人員。什麼是社交價值？她連工

作價值都沒能挖掘出來，所以社交價值對她來說，是一個十分遙遠的話題。

克莉絲蒂娜告訴我，她下班後的生活和在公司沒什麼區別，進商場逛兩個小時什麼都不買就回家，然後守著幾個玩具玩到凌晨，最後蒙頭大睡。她也有朋友，但全在推特上，聊的所有內容都離不開吃喝玩樂，至於上進心，她完全不感興趣。

這正是很多人面臨的一種社交困境：在一個群體裡，你說了話卻沒人聽，你不具有主導權，沒有影響力。這是因為你從未想過要成為社交中的主導者，你對社交沒有野心，除了一堆假朋友，其他什麼都收穫不了。你要主動升級自己的社交模式。

只要你嚴格遵循下面四項原則，就一定能擁有高效能的社交。

價值——對方需要什麼，我有什麼

「價值」是你必須優先思考的問題。人活在世上就要有價值，哪怕僅僅是讓自己獲得尊重，價值也是不可或缺的。這和功利無關，是人生存的根本。挖掘和分析人的價值，並非要給自己或其他人貼上有用、沒用的標籤，而是承認社交是存在功利性的，然後抱著非功利的目的進行社交，只為了透過互相滿足，來追求共同的進步。

1. 社交具有不可或缺的「價值屬性」

認識到這一點非常重要，這也是理解「社交效能」最為關鍵的地方。我們廣泛地參與社交活動，建設屬於自己的社交網，但如何判定我們在這個圈子裡的社交價值呢？

一般來說，一個人的社交價值，在於參與社交活動時，別人對你的印象和評斷。並不是你擁有更多人的名片，與更多成功者合影，就代表你的社交價值大，而要看你是否在更多人心中留下好印象，以及大家對你的評斷如何。

例如當你陷入困境時，有哪些人願意伸出援手，他們可以幫你到什麼程度，這就是你的社交價值的概括。如果你的圈子中能人很多，但他們都不願幫你，說明你的社交價值為零；如果你的人緣很好，但圈子中都是些好逸惡勞、整天無所事事的人，同樣說明你的社交價值不高。

兩者殊途同歸，都表明你的價值屬性是有問題的，這時你得改善形象，或升級自己的圈子。進一步說，你還要考察自己在圈子裡的信任關係，比如有多少人、都是什麼人信任你，以及信任到什麼程度，這些也能反映你的社交價值。

我們在工作中會給人們留下不同的印象，好印象能為你帶來意想不到的發展機會；而不經意留給對方的壞印象，會讓你錯失一些非常好的機會。這樣的案例每天都在發生，甚至正發生在你我身上，影響著我們價值屬性的變化。今天你是別人眼中的紅人，他們把你當作搖錢樹，可能明天你就成了一個倒楣鬼，人們對你避之唯恐不及。

需要強調的是，如果你有豐富的知識、良好的判斷力，以及解決問題的出色能力，那麼就算在社交中的溝通能力不怎麼好，也能用時間證明自己的價值，從而取得優秀朋友的信任，升級自己的朋友圈。

2. 用正確的方式展示價值

當你認為自己有很高的價值，也找到與別人的匹配方向時，你要思考的是，用何種方式展示自己的價值。假如你沒有足夠的知識和很好的判斷力、解決問題的能力，至少也要有真誠、坦率等吸引人的特質，這是在社交中打開交流之窗的基礎，能夠給人留下最基本的好印象，更有利於展示自己的價值。

樞紐——誰能為你牽線搭橋

社交樞紐就是我們平時所說的，可以為人們牽線搭橋的人。就像城市的地鐵中轉站，人來人往，全部經過這個地方，而我喜歡把社交中的這個環節稱為「線人」。透過線人的幫助，我們結識其他優秀人物，進而建設自己的社交網，在減少連接數量的同時，提高連結的效率。

也就是說，當你做好充分的社交準備時，你的觀點，以及支援觀點的論據、邏輯，特別是做事的方式等，都需要有一個人（連接點）幫你傳播出去並讓人看到。這個傳播過程必須是無障礙的，要有願意幫助你進入其他圈子的人，這個人可以盡可能強化你的社交效能。如果你已經有這樣的朋友，那麼請好好對待他；如果沒有，就要儘快地找到他！

聯繫——如何在最短的時間內認識他

我們參與社交活動最主要的目的是什麼？是讓自己經歷某種體驗嗎？不是，而是要在短時間內與想結識的人搭上關係。無論你是推銷產品，還是交朋友，都會有這個需求。

實現這一目標的前提是，我們能多快地給別人留下好印象，讓別人在短時間內信任我們。為此，我們要盡力表現出一種可被信任感，而不是留下一個「被人排斥」的印象。這點說起來容易，但做起來很難。具體實行時，有兩種完全不同的操作方式：

（1）基於話術的優秀表達能力，讓對方迅速關注你。表達能力是比較容易提高的，訣竅是從平時的每一次溝通訓練做起。我的建議是，優化溝通效能，做到「說最少的話，收到最大的效果」。

（2）快速展現自己解決問題的能力，讓人立即感知到你的價值，並關注你。對大部分人來說，這是很難做到的。人們寧願訓練口才，也不想在提高工作技能上投入太多的精力，而這恰恰是從根本提高社交效能的途徑。在特定的領域，即使你不懂任何溝通技巧，只要能力強，也能獲得優秀人物的關注，從而走進核心圈。

吸引——如何在最短的時間內讓別人記住你

先要搞清楚的重點是：我們要獲得誰的好印象？讓誰記住？

因為人們對「好」的定義、認知不同，所以沒有誰可以做到給所有人都留下好印象。即便像比爾·蓋茲、巴菲特等，也有人對他們不以為然。

儘管我們沒辦法讓所有的人都記住自己，但可以針對自己的需求，去獲得特定人物的關注，給他們留下好印象。

1. 不要試圖取悅所有人，社交要有針對性

有針對性地進行社交，是達成高效能的方法。在社交場上，我們要牢牢遵循原則，堅持信念，展露才華——向需要我們的人展示，而不是所有人。

另外，一定要注意社交門檻，看自己是在門檻之內，還是之外。我們要結交的人，必須有讓我們佩服的地方，有學習的價值，但又不至於高不可攀。對於我們佩服的人給予應有的尊重即可，不必沒有原則地討好，不論何時都要注意雙方人格上的平等。

2. 在社交過程中不要只做「小透明」，要勇於表達自己的觀點

在社交過程中，不要害怕得罪人，要大膽展示自己的見解。有些人為了避免留下壞印象，總是謹言慎行，甘當「透明人」。即使有機會表達，也瞻前顧後、

含糊其詞，說話毫無特點，展現不出自己的個性。這樣是不對的。

雖然你小心翼翼，怕得罪人或擔心自己出醜，但同時也失去引起別人注意的機會。一旦有時間表達，就不要怕「凸槌」，要勇敢地說出自己的見解。當然，無論你的個性怎樣，都要堅持正確的價值觀。你所表達的觀點，對於別人也應該是有益的，不能讓人聽過之後毫無收穫。

大人物時間有限，如何搶得先機？

二十四歲那年，安德伍德在美國矽谷一家公司擔任業務經理。有一次，他跟著公司的融資團隊去紐約出差，和華爾街一家投資銀行的高級經理們會談，希望能得到對方的青睞，轉而投資。雖然在別人看來，這對安德伍德來說，不過是一次簡單的出差，因為他在團隊中的角色微不足道，只能做些跑腿的工作，正式的會談不會有他的座位，當然也不會有和對方交談的機會，但他自己並不這麼想。

到紐約後，安德伍德聽說對方的團隊突然換了代表，改由該公司的副總裁格雷策先生負責這個項目。格雷策是投行（投資銀行）界的大名人，他掌握著上百億美元的風險投資基金（也叫創業投資基金），同時，也是一個以提拔新人著稱的成功人士。

安德伍德很想認識他，但又很清楚，自己只是團隊中最不起眼的一員，別說認識格雷策了，能跟他說上幾句話恐怕都難。這樣的卓越人物，時間一定安排得滿滿的，根本沒閒工夫會見一個不重要的人，更別說青睞了。因此，安德伍德必須想出一個可以讓格雷策另眼相看的辦法才行。

恰巧談判雙方住進了同一家酒店，正式開始談判的前一天晚上，安德伍德突然有了一個大膽的想法。他在公司融資計畫的基礎上，又寫了一份新的方案，融入了自己的想法。

在這份新方案中，他建議對方公司增持未來的看漲期權，取消之前要求的融資擔保，並提供幾點充分的理由。這個條件是公司在提出融資時未敢鬆動的，作為請求融資的一方，在當前經濟環境不樂觀的情況下，不敢對投資方有任何過分的要求，但安德伍德在自己的方案中就這麼做了。不出所料，安德伍德的上司看到方案後，隨手扔到一旁，不屑地說：「是你明白還是我明白？如果這麼做可行，還用等到今天？你呀，一點兒經驗都沒有，還這麼大膽！」

安德伍德並不死心，他的勇氣源於自己對這個項目前景的技術分析，這是他說服他人的資本。因此，當晚他便直接將自己的方案，發到格雷策的電子信箱中，希望此舉能獲得成功，並為公司爭取一些利益，也希望格雷策可以注意到自己。

第二天上午，談判開始前的半小時，格雷策打了一通電話給安德伍德的上司：「你能確定這是你們公司最新也是最後的要求嗎？」安德伍德的行為，贏得了對方的尊重。在對方關心的事務範圍內，他展示了自己的能力。

談判圓滿結束，格雷策採納了安德伍德提出的方案，並在事後與他互留聯絡方式，後來還邀請他去華爾街擔任自己的投資助理。幾年後，安德伍德成了美國東部非常有名的投資經理，徹底進入一個新的圈子，並取得人生和事業的成功。

為自己開發足夠的社交資本

在華爾街有一個說法，那就是剛入行的證券從業人員，要從「在地上爬」做起。意指新人要從最基礎的事情做起，而且必須是無怨無悔的。好萊塢電影《華爾街之狼》就有這樣的情節，由李奧納多飾演的男主角喬丹．貝爾福，在剛進入證券公司時，只能做一些替上司打電話的小事，在主管面前唯唯諾諾。新人在這時候沒有什麼機會，因為缺乏資本，尚無優質社交的入場券。

那麼，什麼時候才能讓高級從業人員注意，甚至與其坐下來喝咖啡聊是非？條件是：在六個月內必須賺到五十萬美元。當一名新人能拿出這樣的成績單時，不用他開口，就會有優秀的證券操盤手主動請他吃飯，邀請他加入他們的圈子，允許他成為他們的朋友。

歸根究柢，想讓那些行業頂尖的高手關注到你，就一定要努力提升自己的價值，從知識體系到判斷力，從決策力到執行力，從做事的方式到結果，當你達到優秀的標準後，才能給更優秀的人留下一個好印象。實力為王，是這個世界永恆不變的法則！

不要盲目行動

俗話說，人往高處走，水往低處流。現實中，上進的人或多或少都有攀高的心理，喜歡接觸「帶有光環」的人。畢竟，和這些人建立關係，對自己十分有益，可從他們那裡獲得自己需要的資源，探聽到重要的資訊，或者學習到先進的技能。如果他們再大方一點，肯提攜你，那就會少走很多冤枉路，早日跨進成功的殿堂。

然而世界上沒有白吃的午餐，並不是每個「帶有光環」的人都慷慨大方、助人為樂。在他們不認識你的情況下，如果你貿然接觸，很可能會碰一鼻子灰或者熱臉貼冷屁股。特別是在你們相差懸殊的時候，盲目行動，無疑是自討沒趣。

藝術學校畢業的王麗麗，自視能歌善舞、長相不俗，成天胡思亂想，想要一夜爆紅。自從註冊新浪微博帳號，她一有空，就在微博上私訊各路知名導演和資深製片人。王麗麗的想法是，毛遂自薦於這些行業頂尖人物，請求他們恩賜自己一個嶄露頭角的機會。然而，這些私訊要嘛石沉大海，要嘛遭到收信人投訴。沒多久，她的帳號就被管理員以長期發送騷擾信的名義停權。

與其花費心思去接觸「帶有光環」的人，不如多和身邊優秀的人交流，學習他們的長處，彌補自己的不足。等你變得強大，成為「自帶光環」的人，自然會有「帶有光環」的人找上門來，與你交往，和你合作。這要比盲目行動有效得多。

如何與厲害的人溝通

第一，要充滿自信。自信是非常難得的特質，遠遠比知識和技能重要。人可以經由學習提升自己的能力，但如果沒有自信，那事情就難辦多了，因為自信不是從外部學習得來的，而是由我們內心產生的精神力量。

第二，要懂得高效地展示自己。如果你不展示自己，別人就不會知道你的優勢。「高效地展示」需要做到兩點：一是要有針對性，可以敏銳地把握對方的需求，並和自己的需求掛鉤，實現連通；二是要有良好的表達能力，能在短時間內將自己的想法言簡意賅地說清楚，並引起對方的興趣，讓他留下深刻的印象。

「茶水間社交」三原則

二〇一二年，為了幫助美國華府的官員展開總統競選活動，我提出一個名為「茶水間社交」的法則，它由三項指導原則構成：

（1）判斷一個人是否支持你（產生好感）的時間不超過三十秒；（善加利用前三十秒的時間）

（2）創造休閒場所的偶遇機會，這比在嚴肅的公共場合之推廣效果要好；（半私密空間的談話對社交有推動作用）

（3）如果第一次接觸收到的回饋完全是負面的，就刪掉他，別再聯繫。（不對無效社交繼續投入）

這三項原則，像極了我們在茶水間與陌生人的邂逅和交流，簡潔輕鬆，易於操作，所以我把它總結為「茶水間社交」。歐巴馬總統的競選小組也採用這一公關策略，並和資訊團隊緊密合作，為他負責推廣、公關和選情統計工作。事後我們在對效果的評估中發現，「茶水間社交」法則為他贏得了大量的選票。

運用這個法則，還應該遵循五個步驟，才能提升自己的社交效能。

第一，在「斷捨離」之後，要保證自己擁有社交時間的主導權。

第二，充分利用工作之餘的「零碎時間」，比如喝茶、喝咖啡的時候，去嘗試認識一些陌生人，這也是「茶水間社交」的名稱由來。

第三，整體遵守「三進五出」的規則，即每增加三個新關係，便刪除五個舊關係，直至自己經常聯繫的核心圈子，降到十二個人以內。

第四，不看重第一次聯絡的回報率，但要看重時間效能，即在投入的時間內收到了什麼回饋。不怕冷遇，就怕沒有回饋，哪怕屬於負面也是有意義的。

第五，每月統計和評估自己的社交效果，將時間放到一個適當長一些的周期裡，根據效果隨時調整社交策略。我們在社交中的核心目標，是節省精力並獲得最大的收益。

在二十多歲時，我和大家一樣，在社交領域也犯了很多錯誤，特別是不懂得分析自己的社交效能，因而「時時在獲得人脈，時時又得不到人脈」。這是因為人們在年輕時，並不懂得社交的真諦，對社會、他人、自己都看得太淺，還處於人生中一個較為幼稚的階段。當然，從現在的視野來看，我們的過去終究是幼稚笨拙的。但正是這種曾經的無知，為我們提供了寶貴的教訓。

我在本章最後繼續強調一點，希望廣大年輕人不要重蹈覆轍。我們可能在不經意間給人留下壞印象，我們從沒有抓住過茶水間或咖啡廳的社交良機，而我們可能還不清楚，甚至還在抱怨世界不給自己機會。當閱讀完本章後，你應該重點記住這些能快速提升社交效能的內容。

重點
輕複習

成為社交中的主導者，而不是被動盲從。

很多人都有從眾心理，這可能會讓他們放棄自己的意願，而去追隨別人的想法，去做自己不想做的事。如果你選擇從眾，就會逐漸失去話語權，存在感也會越來越弱。你應該努力讓自己成為社交中的主導者，勇敢地提出自己的見解，不要害怕受挫，沉默可能會比一次、兩次受挫的代價更大。

社交的價值在於別人對你的印象。

不要只看表面，雖然你的聯絡人中有很多成功人士，但這不能證明你的社交就很成功，重要的是你給他人留下的印象、他人對你的評價、他人是否願意與你交往，以及你在群體中的話語權等。

做好充分的準備。

準備是獲得成功的前提。提前蒐集可以支撐觀點的論據，做好充分的準備，才能讓自己的觀點更有説服力，在社交中贏得尊重和認可。

訓練優秀的表達力。

表達力不是簡單的敘述，它還包含你的肢體動作、表情、話語中的停頓。你不光在表達時，需要完整地說明自己的觀點，還要讓大家對你的觀點產生興趣。不僅得從表達的內容本身入手，還要使這場演說讓人聽了舒服。

不要試圖去取悅所有人。

我們不可能取悅所有人，而且過度取悅也是缺乏效率的表現。與其費盡心機讓所有人接受你的觀點，不如把力氣花在容易接受你的觀點的人身上。可見，把握好方向很重要，這是實現高效能社交的前提。

保持自信很重要。

自信能讓你在面對新事物時，有接觸的勇氣，可以促使你努力彌補溝通技巧上的不足。自信是有感染力的，一個充滿自信的人講話，會比一個沒有自信的人講話，更容易打動聽眾。

交友要謹慎，最好能充分了解對方。

人生在世，總要結交一些朋友，有的朋友可以使我們受益，有的朋友只是在利用我們，所以交友必須謹慎。最好能充分了解對方，不能盲目，要防範那些居心叵測的人進入我們的生活。

第一印象是最寶貴的機會。

第一印象通常會給人留下很深的記憶，在與人初次接觸時要做好功課，因為這很可能決定接下來你們會不會有更緊密的聯繫。

要懂得高效地展示自己。

如果你不展示自己，別人就不會知道你的優勢。「高效地展示」需要做到兩點：首先要有針對性，需敏銳地把握住對方的需求，並和自己的需求掛鉤；其次要有良好的表達能力，能在短時間內，將自己的想法說清楚，並引起對方的興趣，讓他留下深刻的印象。

Part 3

自我提升能力是一，
人脈是後面的零

第七章

學會享受獨處

一個人不合群是不想遷就別人。

這句話有一定的道理，

但從另一個角度看，

其實也是對自身價值的尊重。

我們為了追求個人的價值，

選擇孤獨是沒有問題的，

獨處也不僅僅是為了調整社交理念，

更重要的是，

它能為我們創造大量的空閒時間。

做一個享受獨處的人

我們來分析一下孤獨和社交的關係。確切地說，如果我們希望自己，能在未來的日子裡，擁有高超的社交能力，就必須先成為一個能享受孤獨的人。美國一家心理諮商師培訓機構，曾提出過一個研究結論：獨處能力是情緒發展成熟的重要指標之一。情緒管理能力強的人善於獨處，甚至享受獨處，他們並不害怕孤獨，反而能從孤獨中獲得更多。

在我看來，社交領域早就該把「獨處」作為一種積極的能力來討論了。遺憾的是，相關書籍大都在談「如何克服孤獨」，提供的方案也都是讓我們走出房間，拿出更多的時間去社交。這種應對方式，雖然表現了人們潛意識中，對於群體的渴望，但忽視了自身的存在。

誠然，「獨處」兩個字聽起來並不順耳。在現實世界裡，單身人士希望找到終身伴侶，孤立無援的同事希望找到得力的幫手，鄰里間需要互助合作，我們的文化也一直講究融入群體，在意人際間的紐帶和情誼，所以大多數人認為，獨處會使自己邊緣化。

例如，如果有人三十歲還沒結婚，身邊的人就會竭力勸他（她）趕緊組建家庭，就好像一個人的世界是不健康的，人多才是一種健康的生態一樣。我們在閱讀一些書籍時，也能從中看到這樣的觀點——不論是從心理角度分析獨處，還是從社交角度挖掘個人價值，目的都是讓你走出孤獨，融入群體，但這樣真的有用嗎？

一個人不合群是不想遷就別人。這句話有一定的道理，但從另一個角度看，其實也是對自身價值的尊重，以及對社交的精簡。我們為了追求個人的價值，選擇獨處是沒有問題的。獨處也不僅僅是為了調整社交理念，更重要的是，它為我們創造大量的空閒時間。

享受獨處，對每個人都很重要

讀高中時，我和其他的年輕人一樣，從未認真思考過「孤獨」這兩個字的內涵，也不清楚長時間的獨處，對一個人意味著什麼。儘管那時是我們書寫「孤獨」二字最頻繁的時候，但大多是屬於青春期的無病呻吟。

我習慣放學和順路的朋友一起回家，開心地聊當天的趣事；周末，我會和要好的同學找地方踢球或看電影；在學校吃午飯時有飯友，逛街時有哥兒們；假期有父母的陪伴。如果說是否還有獨處的時間，那就是讀書和寫作業時了。

上大學後，我對生活、學習和社交的理解，突然發生改變。這是由環境的不同所引起的，因為大學裡每個人的生活安排都是各自的，節奏不一樣，課間也有區別，興趣當然也有很大的變化。

再細看，人人都有自己的事要忙，即使是最好的朋友，也不可能形影不離。所以很多時候，我們要一個人去吃飯，一個人去上課，一個人去運動，一個人去逛街。越來越多的事情需要一個人去面對，不可能再像過去那樣，隨時召喚別人前來陪你。而且，父母也不在身邊，他們大都在千里之外的家鄉。

於是，我懂得一個道理：獨處是一項重要的能力。我要學習新的技能，學會從容地面對隨時都會襲來的孤獨。從那時起，我試圖讓自己的生活變得充實起來，於是開始修輔系、報考各種職業技能證書、參加各式各樣的活動，我想把一切時間都填滿，不放過每一分鐘。

但這種方式是錯誤的，因為當一切完結時，我發現我的內心無比浮躁——與昨天相比，它並沒有變得平和與安定，而是更加落寞，也更渴望朋友、家人的陪伴。這便導致一些行為的反彈，譬如在社交中刻意迎合他人，希望加入社團，連自己不熟悉或討厭的活動，這時也想參加了。

那時我還沒徹底習慣獨處，這需要很長時間充實自己，調整心理狀態，不是把自己關在家裡幾天不出門就是獨處了。享受獨處是一種心境的平和淡定，是內心的一種豐盈。

請記住：獨處是一個人一生中最為重要的一項能力。這不是說透過獨處，就能成功地排遣掉內心的寂寞，而是說在獨處中，能夠更深地挖掘內心的快樂，並能騰出時間對生活進行反思，從而在眼前形成一面鏡子，幫你更好地了解自己。

給自己一個機會「面對自我」

我至今還記得大學生活結束的那個夏天，一天早晨我獨自乘車去火車站，中途因為暴雨堵車，錯過了去S城的火車。於是，我匆匆買了另一張傍晚時分開往S城的車票，在車站的一家餐廳裡，靜靜地坐了七個小時。

其間，看著周圍人來人往，我在窗前一動也不動，彷彿這個世界與我無關。我思緒飛揚，想找人說話，卻找不到一個能在此時聊一聊的朋友，我也不想輕易地打擾手機通訊錄中的任何一個人。

在這樣難得的環境中，我才有機會面對真實的自我。我是誰？我有什麼理想？我為什麼在這裡？我從何處來？要到哪裡去？這些問題突然一下子蹦到我面前。這時，我想到兩個字：成長。在獨處中，我們能更加清晰地體會成長的意涵，因為很多時候本來就只能一個人應對，沒有人能真正地幫助我們。

獨處是正視自己內心真實需求的途徑。學會獨處，我們就再也不會改變自己來迎合別人，也不會在乎別人對自己的態度和看法，而只關心自己是否快樂。

我要強調的是，一個人即使被單獨拘禁幾百天、幾十年，也可能仍然沒有獨處的能力。我們推崇的獨處，是自身的主動需求，是一種成長性的行為，而不是被迫性的。

在獨處中潛心修煉，為夢想努力

說到獨處，不少人會覺得它和一個人性格內向、思想保守、不擅社交有關。彷彿獨處是一種罪過，一種逃避現實的無奈之舉，一種悲觀厭世的情結。殊不知，獨處有獨處的好處，獨處有獨處的精彩，獨處有獨處的幸福。

一個獨處的人，少了和他人在一起的摩擦衝突，多了一個人的歲月靜好；少了人情的牽扯羈絆，多了自由自在的身心徜徉；少了「白首相知猶按劍」的刻意提防，多了「此心安處是吾鄉」的寧靜致遠。

獨處是一種生活方式，是一種權衡利弊後的選擇，是一段充實自己的時光。獨處的人不是膽怯懦弱、不擅交際，而是看清生活本質，不再盲目地交際應酬；不是自命清高、目無下塵，而是選擇做自己，默默地發光發熱；不是故步自封，而是以退為進，積蓄力量。

捨棄多餘的交流，在獨處中潛心修煉

幾年前，蓓蓓大學畢業，到一家公關公司上班，負責幫客戶撰寫產品稿。

蓓蓓初涉職場，心思單純。愛言愛語的她像在學校時一樣，一有空就在手機或電腦上和人聊天。蓓蓓覺得聊天既是交流，也是社交，一個人只有不斷地和人交流，才能提高社交水準，並有利於未來的發展。和她交流的人中，有的是她過去的同學，有的是她合租的室友，還有的是她剛加不久的微信好友，她們一聊就是一兩個小時，耽誤了蓓蓓不少工作時間。

上司安排的任務，蓓蓓總是不能按時完成。漸漸地，她在公司舉步維艱，主管覺得她不適合再待下去，有了辭退她的念頭。不巧這時，公司的櫃台辭職了，主管立即決定讓她到櫃台服務。蓓蓓起初不情願，她向幾個平時聊得不錯的朋友大吐苦水，希望對方幫她推薦新工作。誰知沒有一個人能幫得上忙，沒辦法，蓓蓓只好聽從安排轉任。畢竟她剛出校門，倘若貿然辭職，很難在短時間內有新發展。

櫃台的工作千篇一律、枯燥乏味，蓓蓓每天除了接打電話，就是幫同事收發快遞，偶爾有客戶到公司洽談業務，她就必須到主管的辦公室忙前忙後、端茶遞水。簡單、乏味、周而復始的工作，讓她這個昔日的天之驕子，有一種受挫感。驀然間，她覺得自己就像一朵錯過花期的牡丹，還沒有盛開，就要凋零。她悲傷難過，不甘心，卻於事無補。

蓓蓓經過一番徹底的反省，認識到自己的錯誤，她不該浪費大把時間和人聊天，不該一味地寄望於社交。她決定換種生活方式，重新開始。她搬離租屋，關閉朋友圈，切斷和許多人的聯繫，堅定不移地選擇獨處。在公司，她全力以赴做好本職工作。下班回家，她寫日記做總結，記錄一天的收穫和紕漏。周末，從臥室到客廳，她一遍又一遍地苦練商務英語，每一天都過得緊張、忙碌、充實。

一次，公司來了個外賓洽談業務，不料懂外語的經理出差了，眾人面面相覷，老闆一籌莫展。蓓蓓自告奮勇充當翻譯，出色地完成任務。從此，老闆對蓓蓓刮目相看，提拔她做了自己的助理，同事們也覺得蓓蓓非常能幹。只有她自己知道，這是她獨處期間潛心修煉換來的。

很多時候，我們能否得到別人的賞識和認可，靠的不是社交，而是能為他們做什麼。如果身無所長、不思進取，一心只想走捷徑，指望富貴朋友提攜，那夢想早晚會落空。與其處心積慮拚社交，不如在獨處時奮發圖強、笨鳥先飛。

在獨處的時光裡，安靜實現夢想

今天提起木心（本名孫璞），幾乎沒有人不知道。木心是畫家，也是文學家。他的畫博採眾長，凝聚了宋元山水畫的特色，和歐洲文藝復興時期的人文主義畫風，豐富了中國畫的畫法，他有五十幅小畫，被收藏進英國國家美術館。

他的文學成就卓爾不群，「部分散文和小說被譯成英語，成為美國大學文學史課程範本讀物，而且他是唯一入選的中國作家」。在國內，上海作家陳村讀了他的《上海賦》，讚嘆木心的文字「驚為天人」；梁文道在香港的書店讀了他的散文，認為其與眾不同；台灣地區的媒體，盛讚他是「海峽兩岸深解中國傳統文化的精英」；今天五花八門的讀書會、讀書論壇都在推薦他的《文學回憶錄》，網路上經常能看到他的金句。他的詩歌《從前慢》被譜成曲，廣為傳唱。

木心能取得這樣的成就，與他有獨處的習慣關係甚大。他終生都在踐行福樓拜的名言：「藝術廣大已極，足可占有一個人的一生。」早年，他曾兩度去浙江的莫干山居住，一個人靜靜地在山上寫字、畫畫。

一天夜裡，屋外颳風下雨，有隻老虎跑來避雨，一邊吼叫，一邊用爪子拍打門窗，木心一宿未睡。第二天，有人勸他下山回家，他謝絕了。多年以後，回憶往事，他寫下「龍吟虎嘯草堂外，騷人冷暖各自知」的詩句。

二十世紀八〇年代，木心隻身赴美，起初生活拮据，靠在古董店打工謀生。後來，他認識了陳丹青，在其提議下，當起了老師，幫陳丹青等一眾畫家上文學課。每節課前，他都會在寓室裡寫一．五萬～二萬字的講義，他笑稱：「要對得起你們的學費。」

木心在美國的大部分時間，都是一個人靜靜地寫作，據他自己透露，「每天都要寫一萬字，至少也有七千字」。他做事一絲不苟，對自己的作品反覆修改，直到滿意為止。到了美國的第二年，他的作品在台灣地區迅速走紅，《聯合文學》對他進行了大幅報導，稱他是一個「文學的魯賓遜」。

人生短暫，與其費盡心思搭建社交網路，在人群中虛與委蛇，不如選擇一個安靜的地方，默默地為夢想奮鬥。

開列「社交清單」，建立「自律時鐘」

先為自己列一張「社交清單」

或許大家都曾為自己擬訂過各種清單，但我發現很少有人會列一張社交清單，利用它來精簡社交，提高效能。因為並不是每個人都具有清單思維，也不是所有人都擅長根據清單進行社交。於是，人們一邊痛心疾首地反思已經出現的各種問題，一邊又束手無策，不懂得採取有效的方法來應對。

在網路的推動下，通訊錄、關係名冊等，正藉助各種電子設備，史無前例地改變人們的生活，也重新定義現代人的社交方式。過去，社交都是靠電話、聚會進行，現在只需要一支手機，足不出戶就能在各種平台上展開社交活動。社交便捷的同時也產生新的問題：方式太雜且缺乏管理。這些方式把時間都零碎化了，使得我們沒有清晰的社交思路。其實，列出一張社交清單，就可以解決大部分問題。

1. 建立人際檔案

什麼是人際檔案？簡單地說，就是「把聯絡人以歸檔的形式進行儲存」。首先加入的是我們的核心關係，包括父母、兄弟姊妹、伴侶及他們的近親；其次是要好的朋友、同學、工作中的重要夥伴等。這兩種關係在歸檔時的優先級別最高，應處於一個隨時可以查閱的位置。

現在，你可以放下書，看看自己的「聯絡人庫」，是不是正一團糟地望著你，希望你給它一個邏輯清晰的安排？可能我們的社交平台上有上百個好友，加上手機聯絡人，總數可謂龐大，但總感覺沒什麼價值，因為它們毫無邏輯地混在一起，既不利於查詢，也不方便管理。所以，第一步就是要建立一個富有邏輯性的人際檔案。

2. 整理你的人際關係

（1）固定圈層。在核心圈層的周邊，以及生活和工作中的普通朋友，他們於你而言，雖然沒有家人和工作夥伴那麼重要，但也是不可或缺的。他們共同構成你社交圈中比較固定的板塊，只能維護，不能整體「斷捨離」。

（2）臨時圈層。因臨時所需而結識的人，可以將其列入一份臨時清單。他們可能是在社交場合偶遇的人，也可能是因工作需要而結識的人。這個圈層的人都有一個共同性，就是短期內和我們有比較重要的來往，但暫時看不到有長遠聯絡的必要。這些人應該放到臨時圈層中，隨時準備升級到上一個圈層或降入下一個圈層。

（3）「斷捨離」圈層。隨時準備刪除的聯絡人，是人際檔案最旁邊的部分。這些人在我們的生活中待了一段時間後，覺得互相不能匹配，也無法讓彼此受益，所以需要果斷地把他們剔除。這個圈層應該是動態的。

3. 對人際關係進行分層管理

當今社會，認識多少人並不是社交成功的代名詞，重要的是，你和多少人長期保持「高效能」的互動。做到這一點的前提，就是對自己的聯絡人進行分層管理。

人的精力畢竟是有限的，關注度和視野也有一定的盲點。坦白說，我們掌控不了一切，哪怕僅僅是自己生活的一小部分。而多數人最擅長的，也不過是點對點地打理人際關係，做不到點對面，更難做到分層管理。

據我研究，一個人在朋友圈中，很難對五十個人保持同一種關注度，總會厚此薄彼。這是由人的注意力上限決定的。從現實的角度講，每個人對我們的作用也不盡相同——有的人重要，有的人次要；有的人和我們是血緣關係，有的人和我們是工作關係，因此需要對人際關係做好分類，然後依據不同層級的重要性分配精神和力氣。

建立自律時鐘，進行「漸進式」的社交減敏

對有社交焦慮或陷入無效社交困局的人，我會提出一個溫和的建議：「你們不要關注社交，要發展自己的興趣，然後加入有相同興趣的圈子，去認識有共同價值觀和目標的人。認識了以後怎麼辦？給自己設定一個非功利的小目標，向他們學習，尋求能力上的提升。在這個過程中，你們可以相互鼓勵、相互監督。這時，你就會變得自律。」

一個群體的自律，容易引燃個體內心奮鬥的激情，進而生成強大的執行力，促使我們確立具體的行為規範，養成良好的習慣。

那麼，「漸進式」社交減敏是指什麼呢？就是不要著急，要有耐心，給自己一段足夠長的時間，將內心從浮躁功利、盲目無效的「過敏狀態」中抽離出來。這不是一兩天能做到的，而是需要數月乃至數年的調整才能實現的。你要充滿信心地告訴自己：「放心，我有的是時間，我可以慢慢來！」

這是因為建立自律時鐘不能指望外力，沒人能幫我們，只能靠自己。而且自我約束的能力也不是天生就具備的，它需要在後天不斷養成、鞏固、提升。所以，從他律到自律的過程，不會是一帆風順的，我們要做好打「持久戰」的準備。

對一切不必要的應酬說再見

加州分公司的項目總監萊基常說這樣一句話：「家庭是遠遠大於工作的，更大於所有的應酬，我是指所有的。如果要我為拿下一個十萬美元的專案，去吃頓飯而冷落家人，我是堅決不答應的。」

拒絕一切不必要的應酬，以家庭為重——這是萊基的信條。一次我到加州分公司，請客戶和公司的主要幹部聚餐，地點選在郊區的一家餐廳。我去通知萊基時，他說：「老闆，我要先向太太請示一下。」然後在我驚訝的眼神中，他非常自然地拿起電話，撥通了號碼，對電話那頭溫柔地說：「親愛的，今晚公司有個便餐，我向你請假，可以嗎？」

他太太說：「少喝點酒，早點回家。」

「好好，知道了，我一定遵照你的指示。」

我後來會不定期地把這件事作為例子講給別人聽。萊基讓我欽佩，他不僅自律，而且嚴格執行，真正實現對於社交的精簡。他還有句話是這麼說的：「假如今天不拒絕應酬邀約，明天應酬就會要了你的命。」仔細想想，是不是很有道理？今天有多少人的生活，正是毀在不必要的應酬上？

那麼，哪些應酬是不必要的？判斷標準是什麼？

（1）對工作毫無實質性的幫助。如工作之餘即興而發的吃吃喝喝，不聊工作，純粹玩。

（2）為了聚會而聚會。朋友之間過於頻繁地聚餐，既無實際意義，又虛度時光。

（3）預期收益很低的公關應酬。為了拿下某個專案，明知成功率很低卻拚命周旋，這完全是拚機率的行銷式應酬。

根據這三個標準，我們生活和工作中九十％的應酬，都是毫無價值的，也許藉助酒精的作用，讓你一時覺得有用，但事後就會明白，這些投入收不到絲毫的回報。如果你把這當作社交，那你的社交只能在低效或無效中徘徊。遠離這些應酬，社交才能簡化，效能才能提高。

行使我們的「不知情權」

亞歷山大．索忍尼辛是一位俄羅斯作家，他在思想研究中，注意到另一種自由並做了解釋，那就是不知情權的自由：

除了知情權，人也應該擁有不知情權，後者的價值要大得多。它意味著我們高尚的靈魂，不必被那些廢話和空談充斥，過度的資訊對一個過著充實生活的人來說，是一種不必要的負擔。

我希望人們都能學會使用不知情權，來應對未來的工作和社交。在這個資訊化的社會，我們用不著費盡心思去蒐集資訊，因為手機會代勞：求職、招聘、購物、投資、理財……應有盡有。不用出門，不用看電視，不用追新聞，不用買報紙，只要有一支手機（要保證能上網），就能了解世界上發生的所有事。

其實，社交也一樣。有的人想讓你知道發生在他身上的所有事情，讓你去按讚，讓你出主意。如果你不關心他，他就會不高興，這很考驗你們的「友情」。辦公室的八卦新聞，鄰里之間的糾紛，只要你願意去看、去聽，到處都有新鮮事。但這些和我們有關係嗎？沒有！所以我們要行使不知情權，對垃圾資訊說「不」，實現極簡社交，給自己留出空間。

我有一個朋友叫安德列斯，他住在洛杉磯的一個社區，是當地一位著名的專欄作家。他只關注自己的領域，對於其他的事情一概不過問。值得一提的是，他已經有兩年多沒有登入自己的推特帳號了，甚至連密碼都忘了。這是一件多麼不可思議的事情。

每當有人打電話想告訴他一些私密的事情，他就會說：「停，我不關心，跟我沒關係，請不要告訴我，謝謝。」然後立刻掛斷電話。透過這種方式節約出的時間，讓他寫出很多深受歡迎的文章。他說：「什麼都想知道，並不能使你變得睿智。拒絕那些不相關的資訊，反而能讓你更有智慧。」

那麼，行使不知情權的原則是什麼？

（1）我們對資訊有選擇權；可以主動了解想關注的資訊，也有權拒絕不想關注的資訊；

（2）主動忽略大部分資訊，需要時再去蒐集它們；

（3）如果不想關注，請在第一時間拒絕；

（4）把省下來的時間用於提升自己。

一位美國媽媽這樣忠告自己的孩子：「不要總盯著你的手機，抬起頭來，看看窗外，聽聽鳥叫，出去散散步，和陌生人說說話，對未知保持一顆好奇心，不要只透過網路尋找答案。不要無止盡地拍照和錄影，你沒有必要把一切都記錄下來。要用心體驗生活，這些經歷將會在你的記憶中永存。」

那些每天從手機和別人口中得來的資訊，如明星的緋聞、自殺攻擊、金融亂象等，很多都與我們毫不相干。但這些消息幾乎每分每秒在更新，它們不斷地出現在眼前，逼迫你去瀏覽。能隨時獲得任何資訊的網路，其實也在擾亂我們的生活。

學會說「我不知道」

我有一個慣用的「日常聊天模式」：

「哎，你知道嗎？……」

「我不知道。」

聊天結束，就這麼簡單。為此我得罪過一個客戶，有一次，他在晚上十點左右打電話來，問我是否知道南方突降大雪、高速公路封路的消息，我直接回答：「我不知道。」便掛斷電話。五秒鐘後他又打了過來，很生氣地說：

「你為何掛我電話？」

「你在說我不感興趣的事。」

「我是想問是否耽誤行程。」

「那你應該在第一句便說明。」

「哦，明白了。」

儘管他非常不爽，但我仍然不會改變這種聊天模式，因為這是對雙方時間和精力的尊重。我們必須問自己：「我為什麼要學會說『我不知道』呢？當你確實不知道一件事情時，當你對它確實不感興趣時，這一點不是不言而喻的嗎？」養成這個習慣，會讓你的專注狀態一直持續下去，因為你的注意力終於有機會，能集中到那些自己感興趣的事情上了。

別再「轉傳」和「按讚」了

二〇一三年，《紐約時報》的一位記者注意到一個現象，隨後他寫了一篇報導。報導中說：雖然使用智慧型手機，可以提高人們的工作效率，但二十四小時隨時待命的狀態是有害的，它會導致人體過度疲勞，並降低人們的工作效率。

這篇報導當時引起業界的轟動，很多公司意識到這一問題，立即展開了糾正行動，並規定下班後不再用手機聯繫員工。與此同時，一些企業的管理者也發現，強迫員工關注、轉傳公司產品的新聞，並不是一種有效的舉措。人們對這些東西缺乏興趣，就算執行也是心不甘情不願的，達不到預期的效果。

現實生活中，不必要的「轉傳」和「按讚」，充斥於我們的指尖，浪費了我們的時間，損耗了我們的精力。很多人使用手機是泡在朋友圈裡，與他人分享自己的生活或心情，與朋友做毫無意義的交流。

為了獲得「存在感」，他們在朋友圈曬幸福、曬心聲，越曬越浮躁，這樣做對維護友情沒有幫助，對自己的生活也沒有任何益處。因此，做到以下兩點非常重要：

（1）戒掉轉傳，你可以拒絕別人發來的轉傳請求；

（2）戒掉按讚，你只需減少刷朋友圈的次數。

這兩個原則可能會傷害到向你發出請求的人，他們也許會不高興。但在我看來，凡是「不高興」的人都不算是你的朋友。因此，我們事實上是建立了一個「朋友篩檢程式」，把不適合的過濾掉，留下來的才是你要好好珍惜的。

每月做一次「斷捨離」

有人說過這麼一句話：「我們在數量上要做減法，品質上要做加法，和自己擁有的東西建立聯繫，從而更好地掌控生活，讓自己的每一天都與美好相伴。」這句話用於社交，就是告誡我們不能盲目追求數量，而要提高自己圈層的品質。

想要達到這樣的境界，就得定期對社交關係進行「斷捨離」。這不是一槌定音的買賣，不可能一蹴可幾，而是一個長期、反覆、艱難的過程。對此我的建議是，每月對朋友圈進行一次徹底的檢查，清理掉那些過期、失效的聯絡人訊息，把空間騰出來，留給新的朋友。

重點輕複習

獨處能力是個體情緒發展成熟的重要標誌之一。

調查發現：善於獨處的人，情緒管理能力更強。他們往往不害怕孤獨，反而在獨處中靜心思考、認真學習，讓自己變得成熟理性、積極向上。所以，我們要努力做一個善於獨處的人。

學會識別高效能人士。

高效能人士不會盲目參加每一次聚會，更不會給每一個人都遞上名片，而是會有選擇地交朋友。我們要學會判斷對方是否為高效能人士，從而把有限的精力放在值得的人身上。

學會讓社交「漸進式減敏」。

「漸進式減敏」簡單來説，就是不急躁，給自己足夠長的時間，讓自己從浮躁功利、盲目無效的「過敏狀態」中抽離出來。

交比較少的朋友，但做比較多的交流。

朋友是我們生活中很重要的組成部分，但有時候也會損耗我們的時間，這時就要學會「斷捨離」，把寶貴的時間留給真正的朋友。和他們成為知己，哪怕數量再少也是值得的。

除了知情權，我們也應該擁有不知情權。

不知情是一種智慧，不要讓那些瑣碎的事情浪費時間。吸納過多、過雜的資訊是一種折磨。如果你打算過一種充實的生活，建議行使不知情權，拋棄那些不必要的負擔。

戒掉不必要的「轉傳」和「按讚」。

不必要的「轉傳」和「按讚」充斥著我們的生活，損耗著我們的精力。它們或許會讓你在社交軟體上很有存在感，但這對於現實生活意義不大，因此要盡可能戒掉。

第八章

能力是一，人脈是零：提升你的內在力量

我們不否認人脈的價值，
不過，更重要的是能否把擁有的資源，
與自己的能力有效結合起來。
如果有充沛的資源但能力不足，
遲早會被這個競爭激烈的社會淘汰。

讓自己成為優秀的人，而不是忙著社交的人

優秀，才能進行高效的社交

「只有優秀的人，才能擁有有效的人脈。」也就是說，你是什麼樣的人，就會吸引什麼樣的人。凱利認為，對優秀的人來說，他們可能隨時隨地，都要避免與平庸者進行「不公平交換」的社交行為，並且更關注自身的修養，明白提升內在的重要性。

而那些忙著結交貴人的人，他們的能力大都比較一般，也很難獲得成功。他們甚至沒有意識到，自己在社交中，只能扮演一個低效的「索取者」角色，最後把每次社交都變成了「不公平交換」。毫無疑問，這種行為的結果不容樂觀，因為強者不喜歡「不公平交換」。有兩點我們需要明確：

（1）和不優秀的人做朋友有損自己的社交利益；

（2）沒有人喜歡做低報酬率的買賣。

由於這兩個因素，「不公平交換」的社交行為，顯然是不會「開花結果」的。於是，每次交換的落空，都加重了不優秀者的損失，使得他們的社交資源被不斷侵蝕，漸漸墜入「索取者」的深淵。因為他們的能力遲遲得不到提高，所以就越發依賴索取，進而放棄提升自己的能力，從而導致惡性循環。

還有另一種情況：一些人對人際關係的建設過分著急，全然不顧自己的實際情況，希望經由社交找到一條成功的捷徑。他們的能力也許並不平庸，但混淆了主次，將精力都投入到對人脈的經營上。

他們左右逢源，廣交朋友。同時也明白過度社交的危害，清楚減輕社交負擔的重要性，只是覺得自己的力量過於微弱，改變不了大勢，所以希望藉助他人的力量，儘快實現自己的理想。一個人越是覺得自己渺小，就越想在社交上下功夫，從而忽略了自我提升的重要性。

我們不否認人脈的價值，不過，更重要的是，能否把擁有的資源與自己的能力有效結合起來。比如財富、地位、關係、形象等，這些資源對個人的發展也是至關重要的，如果僅僅依賴自己所謂的朋友，人生也很難有所突破。

俗話說：「師傅領進門，修行在個人。」在競爭日益激烈的現實社會中，擁有再好的資源，也只不過是提供一種可能，保證不了你做常勝將軍。有些起點低但能力強的人，在其才華與學識的助力下，最終超越那些起點高而能力差的人。

專注學習，讓自己變優秀

當自己有所成長時，你就會發現，許多以前遙不可及的資源正向你靠近，優質的人際關係也慢慢走進你的生活。

自我提升沒有想像的那麼難，學習的過程也沒那麼枯燥，只需要保持專注，長久堅持。例如，每天專心致志地學習兩個小時，堅持五年，一定會有意想不到的收穫。

請謹記以下幾點：

（1）由優秀者組成的圈子裡無人求助。優秀者的一大特質，是「以耽誤別人的時間為恥」，他們都有獨立解決問題的能力，而你也要努力讓自己成為這樣的人。

（2）優秀意味著走出「索取者」的角色。假如有一天，你成了某個領域的專家，或受人尊重的權威人物，你會驚奇地發現，「有價值的社交」居然不請自來。但這時你不再是「索取者」，而是與他人從事資源的平等交換。你所遇到的人，來自不同的階層、不同的領域，這時你的社交完全是另一個層級的——大家透過互助實現雙贏。

（3）優秀的另一個代名詞是「無私」。如果你是一個優秀且富有價值的人，那麼就會有很多其他優秀者，主動向你提供幫助，並不求回報。此時的幫助既是意外的、不請自來的，也是「無私」的，但這對你的能力和人品，都有一定的要求。這個圈子的人，其心靈也是豁達的。我們的目標就是進入這樣的圈子，變成這樣的人。

要有讓人感到舒適的能力

如今越來越多的人開始談論社交，於是出現大量的自媒體作者，指導人們如何智慧地進行社交，怎樣交到更多的朋友。但他們的文章裡，很少提到一個關鍵的原則，那就是在社交中，要有讓人感到舒適的能力。可以說，「讓別人感到舒適」，是一個人在社交中能夠達到的最高境界，這並不是讀幾篇自媒體文章就能學會的。

李嘉誠作為華人商界的風雲人物，不僅有卓越的企業經營能力，還有讓人讚嘆不已的社交能力，他總能給人一種非常舒適的感覺，使人對他又敬又愛。想想看，一位世界級的富豪，對待遠不如自己，甚至是經常批評和攻擊自己的人，仍能謙遜有禮，這是何等的修養？

馬雲、牛根生、郭廣昌等國內優秀的企業家，曾一起去香港會見李嘉誠。大家本以為場面將是盛大而嚴肅的，但是當這些企業家到達維多利亞大廈頂樓時，李嘉誠獨自站在電梯口迎接他們，並逐一握手。

握完手，李嘉誠開始發名片，同時還端出一個盤子，讓來訪的三位，透過抓鬮的方式，確定各自就餐的座次，抓到哪個號碼，就坐到與號碼相對應的位置上，不論資歷排輩分。合影的時候，也按照號碼來確定順序，這樣大家就都沒有意見，更不會抱怨。

這些優秀的企業家開始會談後，有人提議讓李嘉誠講幾句話，他推辭說：「我還沒做好準備，就只講八個字吧！這八個字是『創造自我，追求無我』。」李嘉誠這八個字，既是對自己的要求，也是對與會者的期望。

前面四個字的意思是，一個人要活出自我，不隨波逐流；後面四個字講的是，凡事不必爭，不必嘩眾取寵，不以自我為中心。

做人的最高境界是追求無我。在人生這條道路上，我們要不斷地創造自我，讓自己變得優秀。而優秀之後要保持低調，讓自己和別人都獲得一種舒適的感覺。

這是李嘉誠的軟實力。因為他做人周到、真誠，所以世界各地優秀的人，都願意到香港來和他談合作，這也是他自創業伊始，便擁有優質人脈的根源所在。

這些年來，我接觸過很多成功的企業家和管理者，有矽谷的科技公司創辦人，有華爾街的金融操盤手，也有常年在北京居住的教育家。他們都有一個共同點，就是在與他們的相處中，會讓人感覺很舒適。

越是社交高手，就越不輕易露面，也不隨便發言，但每次和他們的會面，都會是一次難忘的經歷。和他們交談，他們總能把你的每一句話，都恰當地接過來，從不讓你覺得生硬或者尷尬，和他們在一起，不得不說是一種精神享受。

這些人之所以能夠取得成功，不僅因為他們有出眾的能力，還因為他們有能讓任何人都感到舒適的社交技巧。在人際交往中，我們經常發現，越是和水準差、成就低但架子大的人交流，就越不舒服。他們固執而且偏激，動不動就會對別人進行道德攻擊，這也是他們難以成功的原因之一。

享受「彼此獨立」的狀態

我的朋友喬里森，在美國聯邦政府的外事部門工作，他非常喜愛寵物，在家裡養了三條狗、兩隻貓和一頭小豬，我每次去他家做客時，就像到了動物園。雖然我們是好朋友，但從不對對方指手畫腳。我們在社交關係中彼此獨立，不做自己無權干涉的事情。

喬里森也有不少極其厭惡動物的朋友，我曾經問他：「當那些討厭寵物的傢伙，對你養的寵物露出厭惡之情時，你會和他們吵架嗎？」喬里森笑了笑，搖搖頭說：「永遠不會，否則我們就無法成為朋友了。有時我們也會討論一些不怎麼愉快的問題，各自講出觀點，表明立場。雖然彼此不認同對方的觀點，但仍然可以平和地討論。」

朋友不是用來互相取悅的，也不是必須要對方認同自己的某些觀點。再好的朋友，也必須遵循這樣的原則——既互相依賴和認同，又彼此獨立不干涉。

別互相苛求

不管你和另一個人的關係有多好，如果你強迫他為你做某件事的話，那麼你們的關係很可能就搞砸了。一種讓雙方都感到舒適的關係，不是簡單地尋求認同，或者需要對方支持自己，而是尊重對方不同於自己的見解和看法，充分地理解對方的難處。

很多人總是希望朋友的觀點、立場等和自己一致。「既然你是我的好友，你就要支持我，否則我多沒面子！」當朋友對一件事情提出不同於自己的看法時，他們便不能容忍了：「你還是我朋友嗎？怎麼能不站在我這一邊？」有的人甚至為此不惜絕交，原因不過是在公開辯論中，朋友支持另一方的意見，沒有和他站在同一陣營。

強迫朋友無條件支持自己的行為，並不是我們應該做的。你強求一個人做出違背他原則的事，讓他感到不適，又怎麼能算是他的朋友呢？之前，凱利在哈佛大學校刊內，發表的一篇學術文章中寫道：「所有組織（企業、政黨和關係團體）的共通性是，運用一切手段構建內部認同，消滅異端。假如把朋友圈視為一個組織，它也具備這個特點。」

但高效能的社交並不是這樣的，我們要反省自己，有沒有做過苛求朋友的事情，也要注意那些總是在苛求我們的朋友，如果對方實在過分，一定要及早和其斷絕來往，避免在他身上浪費不必要的時間和精力。

我們都能做自己

我剛到美國時，連英語都說不流利，就認識喬里森了。那時他是華盛頓州立大學的一名普通研究員，我們一見如故，迅速成為好朋友。這些年來，我們在許多問題上，都有著巨大的分歧，討論和爭吵之際也毫不客氣，但我們從來不會對對方，提出過分的要求，例如：

「你得聽我的，立刻！」

「你必須放棄你的想法，否則朋友沒得做了！」

因為我們心裡清楚，這是在逼迫對方為了友誼而放棄自我。你願意為了社交的穩定而放棄自我嗎？答案是顯而易見的，每個人都不願做出這種妥協。所以在社交中，不要放棄自我，也不要逼迫別人這麼做。你需要做到：

第一，你要做自己，也要讓對方「做自己」；

第二，我們要在同一個圈子裡做好自己，並和他人和諧相處，共同進步。

精準定位，不自我設限

炎櫻是作家張愛玲年輕時最好的朋友，後來她們倆都去了美國。在美國，兩人通了幾封信後，就不再聯繫了。作為一位幸福的家庭主婦，炎櫻特別希望與張愛玲多多通信，甚至常常見面，保持在國內時的良好關係。張愛玲的回答卻是：「永遠在談三十年前的事，有什麼意思？我還有很多書要看，很多文章要寫。」張愛玲所說總結成一句話就是：我的時間不能浪費在你身上。

我和凱利談到這個故事時，下了一個結論：張愛玲的生活在向前看，在不斷地上升；炎櫻的生活卻被自己定格在年輕時期，未見成長。這也提醒在社交中，千萬不要自我設限，才有無限的上升空間！

進行客觀定位是提升能力的第一步

認真思考下面這四個問題，就是在幫自己做一個清晰而理性的定位：

①我適合做什麼？——哪個領域。

②我現在的水準？——當前的起點。

③我有沒有可能向上走？——優勢。

④我的上限在什麼地方？——未來的目標與可行性。

當想清楚這些問題，就能堅定信心，一切也會越來越好。但現實是，人們往往會受到諸多因素的影響，不相信自己的能力，也不想對自己進行客觀的定位。他們害怕被群體拋棄，畏懼一個人去奮鬥，便功利地投身於群體中，與其他人擁抱取暖。這樣就形成一個惡性的「弱者閉環」∴不知道自己能做什麼↓希望別人告訴我、幫助我、提攜我↓效果不好↓引發迷茫↓更加依賴別人↓陷入嚴重的無效社交中。

不自我設限，才能活成自己想要的樣子

有的人和要好的朋友在一起時口若懸河、滔滔不絕，但一到人多的地方，任你千乞萬求，他就是一言不發。事後，你問他為什麼，他會告訴你，不知道說什麼，或者他害怕講不好。

有的人獨處時，把一切打理得井井有條、無懈可擊，但是到人前，他就會變得像隻嚇壞的小兔子，原本熟門熟路的本事也忘得一乾二淨。這樣的人敏感自卑、害怕失敗，做人做事總是習慣性地選擇逃避。他們小心翼翼地規避出現在公眾眼皮底下，畫地為牢地拒絕和陌生人接觸。

然而人總要到陌生環境裡去，總要和陌生人接觸。一個人若是因為膽怯和疑心，切斷和外界的聯繫，那他無疑是自我設限。

自我設限的人，做事畏畏縮縮、猶豫不決。他們思想保守、故步自封，把每一件事都想得很難，認為每一個人都居心叵測。他們習慣待在熟悉的地方，只和自己了解的人交往，也因此錯過許多美好的風景，錯過許多有用的訊息，錯過許多開拓進取的機會，錯過許多新的朋友。

一個人只有消除內心的膽怯、打消疑慮的念頭，放飛思想，不自我設限，積

極地與外界接觸，與陌生人交朋友，才可能靠近成功，才可能擁有美好的未來，
才可能活成自己想要的樣子。

提升溝通力：
高效溝通，才有高效社交

很多人天真的以為，社交與溝通只是簡單的連接關係，溝通的效率對社交的影響不是很大。他們認為自己之所以能把工作做得很好，人緣也不錯，都是因為自己擁有過人的能力和獨當一面的氣魄。遍覽成功者的案例你就會發現，那些擅長高效溝通的人，往往比其他人，更能展現出眾的業務能力。

良好的溝通力有哪些益處呢？

第一，溝通力可以改變一些關鍵問題的走向，讓僵持的局面出現轉機。這表明優質的溝通，能打動那些舉足輕重的人物。

第二，溝通力可以發掘一支團隊的潛力，使其取得常人意想不到的業績。這意味著溝通力的價值，不僅表現在社交上，還展露在管理上。

看到這裡，你還認為溝通不重要嗎？總而言之，出色的溝通力是改善社交效能的主要因素之一，也是我們需要著重提升的一種能力。

多加練習才是王道

在我看來，溝通力需要天賦，同時也離不開後天的練習。沒有練習，溝通能力就不會有質的提升。如果只是三天打魚兩天曬網，那麼你的溝通能力就會一直原地踏步。

所以我建議，要安排固定的練習時間，強化溝通能力。且讓這種能力一點一滴地累積，由量變實現質變。我推薦大家從以下兩個層面加強練習：

（1）既要練習一些基礎的話術，也要研究與不同類型的人的溝通方式，從技能層面提高溝通效率；

（2）既要從無數成功的溝通中累積經驗，也要從失敗的溝通中吸取教訓，從經驗層面優化溝通策略。

持續練習，你必能成為一個善於與人溝通的高手。

獲得持續性的改變

我對於提升溝通力的建議是：

（1）思考和分析你所在的圈子以及目標圈子的溝通風格，制訂符合需求的溝通策略；

（2）觀看一些公開課程及名人演講的影片，學習優秀人物是如何講話的；

（3）應該針對性地做筆記，不能流於口頭；

（4）重播影片或錄音，進行總結，並改正自己的缺點；

（5）每天撥出三十分鐘訓練溝通能力，早晚各十五分鐘；

（6）透過實戰進行反覆練習。

按照這個建議徹底實行，你的溝通能力就會大大提升，也能獲得持續性的改變。這是成為一個社交高手必須掌握的方法。

提升自律力：讓自己成為「最想成為的人」

自律的重要性

很多人問我：「李老師，人人都在講自律，但自律到底是什麼？」和意志力一樣，自律聽起來是一個形而上的概念，它取決於個體本身的認知能力。簡單來說，自律就是自我約束、自我克制。

美國管理學大師史蒂芬．柯維說：「人不律己，便是情緒、食慾和情慾的奴隸。」不自律，人反而會喪失自由和自主能力，變成情緒和慾望的奴隸。所以從長遠看，缺乏自律在人的成長過程中，其作用是毀滅性的，對人的社交也極具負面影響。想想看，一個整天出入酒吧、夜總會等娛樂場所，亂交朋友、從不反省和約束自己的人，他的生活會是什麼樣子？

以前，自律是我的弱項。我記得在二十四歲時，認識了一些彈吉他的高手，於是我也想練習吉他。為此，我買了吉他和基礎的練習冊，幫自己準備一間安靜的屋子。但我沒有持續，吉他時彈時不彈。過了一段時間之後，我和那些彈吉他的朋友，共同語言越來越少，甚至無話可說，漸漸地，他們在我的圈子裡消失了。

後來我開始強化自律力，不僅制訂更加可行的計畫，而且為了執行計畫付出許多努力。當一個人能按照既定的規則行事時，才是真正自由的。經過十幾年的實踐，我得出一個結論——「人的自律是可以經過努力培養出來的」。自律與天賦無關，它只與我們的主觀意願，和為此付出的努力多少相關。

不要跟著感覺走

自律的行為基礎是嚴謹的思考，而不是單純地跟著感覺走。自律的人一定是先制訂計畫再嚴格執行，從不隨心所欲。

在練習自律時，我們可以先為自己設定以下簡單的目標，在實現這些目標的過程中，慢慢養成良好的習慣。

①先堅持完成一個很小的目標，尤其是那種最初燃起，但現在激情已經退卻的；

②晚飯後想看會兒電視劇時，堅持起身出門，到樓下運動三十分鐘後再回來，這樣做能培養你克制慾望的能力；

③自發性在固定時間早睡早起，如果做不到，那就強迫自己早睡早起，直到形成習慣；

④如果有必要，可以為自己制訂一份飲食計畫，使每個月的體重保持正常，在這個過程中，學會適當拒絕美食的誘惑；

⑤每天只在特定的時間查看新郵件，為時間劃分不同的區間，使其各有所用；

⑥只結交自律的朋友，淨化自己的朋友圈；

⑦定期精簡通訊錄。

需要強調的是，人的自律依賴於大腦中清醒的「自我意識」，即知道應該「有所為」和「有所不為」。假如一個人根本就沒意識到，自己的行為是毫無約束的，那麼他就是一個跟著感覺走的人，這種人是很難擁有自律的。

統計「無自律行為」

在剛開始培養自律習慣的時候，我們要找出自己的不自律行為，並把它們記錄下來。比如：

聊手機或使用其他社交軟體直到凌晨；

打遊戲沒有節制，有時連飯也不吃；

穿著太隨意，不懂得區分場合，不注意自身形象；

飲食不忌口，辦了健身卡卻從來不用；

做事經常違反計畫，想怎麼做就怎麼做。

……

這些行為隨便統計一下，就能寫滿一張紙。自律的養成需要大量的時間，非一朝一夕之功。而且很重要的一點是，我們要清醒地意識到，自己有哪些不自律行為，並找到產生這些行為的原因，然後予以改正，如此才能做出與自己的社交目標和價值觀，更加匹配的決定。

提升格局，做個擁有*高人格的人

人們常說：「思路決定出路，格局決定結局。」一個人思路錯了，可以及時糾正，但一個人若是格局太小，那往往就是致命的。格局小的人，目光短淺、不懂變通，對人總是提防，做事畏首畏尾。有時機會擺在面前，他們也會因猶豫而與它失之交臂。一個人想要有好的發展，就要提升格局，而首先就要弄清楚什麼是格局。

（*處世靈活，隨機應變而又不忘初心。）

組成格局的因素

凱利在一篇關於社交人格的論文中說：「人生的本質就是格局。格局大的人，有一種力量推著他向前衝，路會越走越寬；格局小的人，有一種力量拉著他向後退，路只會越走越窄。」他在研究中，列舉美國從一八〇〇年至今，近百位白手起家的商業鉅子之傳奇人生，並對他們的思想、言行和特質進行總結：決定一個人上限的是他的格局。那格局是由哪些因素組成的呢？

（1）**勇於認錯的反省精神。**沒有誰是永遠正確的，如果發現自己錯了，就要及時承認。但大部分人都是有錯不認，死賴到底，認為面子大於一切，僅此一點，就將自己的格局限制在一個很低的層次。

（2）**善於自嘲的幽默特質。**幽默是高效能社交的靈魂，是能吸引人的稀有特質，也是人格魅力的展現。那些善於自嘲的人都充滿自信，他們心態平和，張弛有度。

（3）**大度與寬恕之心。**要善於化敵為友，能夠原諒別人的衝動和魯莽，能夠寬恕別人的無心之過。不過大度與寬恕也並非無止境地做「老好人」，守住自己的原則和底線是很重要的。只要不越底線，都可以坐下來談，這能讓大多數人在關鍵時刻，願意和你站到一起。

（4）樂觀上進的心態。無論遇到什麼麻煩、處於何種困境，都能保持一種樂觀的心態，這是一種難得的特質。現實生活中，有些人喜歡抱怨和發牢騷，遇到一丁點挫折就自暴自棄，自甘墮落。你要反其道而行之，樂觀、積極地看待環境的變化和事情的發展。這會讓你擁有獨一無二的氣質，並藉此把優秀的人都吸引到自己身邊。

（5）擁有感恩之心。對他人的支持和幫助，要常懷感恩之心。感恩是一種處世哲學，也是生活中的大智慧。

（6）有強大的自信心。自信是力量之源，當你足夠自信時，就不會急於表現自己，也不會過度重視社交，更不會產生人際關係依賴症。因為有強大的內心，所以能大度看待他人的非議，也能坦然地自嘲。這樣，反而能獲得別人的好感。相反的，那些信心不足的人，則會在社交中急於表現自己，遇到人們的質疑就趕緊辯解，反倒給人留下不好的印象。

向高層次的人看齊

什麼是高層次的人？最重要的判斷標準是格局。有人說：「一流的朋友談夢想，二流的朋友談事業，三流的朋友談事情，四流的朋友談是非。」這句話講的便是人的四種格局。

願意和你談夢想的人，要珍惜！

願意和你談事業的人，要器重！

僅能和你談事情的人，要合作！

只想和你談是非的人，要遠離！

向第一種人看齊，向第二種人學習，這就是我的建議。我們要和一流的朋友多接觸，看重二流的朋友。這不是功利的選擇，而是為了讓自己變優秀。多和比自己優秀的人交流，可以活躍思維，開闊視野，最終能使自己成為和他們一樣出色的人。

人們在舒適的社交圈裡待長了，朋友也就差不多都是同一層次的。這是一個死水般的環境，外面的社會千變萬化，而你和朋友卻停在原地，甚至還自我感覺良好。等你終於意識到這一點時，早已被時代遠遠地拋棄了。

如何擁有「高人格」？

這些年來，不只一個人問我：「既然高人格如此重要，那要怎樣才能擁有呢？」我的回答是：「適應變化，堅定初心！」世間所有的事物，都會隨著時間而變化，沒有什麼是一成不變的。你在改變，朋友在改變，世界也在改變，所以，我們要有一種接受改變的心態，積極去適應時代的需求。因此，需要做到以下幾點：

（1）在變和不變之間找到堅固的聯繫，便是「適應變化，堅定初心」；

（2）突出自己的獨特優勢，散發自己的人格魅力，然後去打動、影響和改變有實力的人；

（3）別讓自己陷進一種自我感覺良好的小格局裡出不來；

（4）要選擇好時機走出去，在高效能的社交中，讓自己和他人的思想產生碰撞，多和不同領域、優秀的人交流。

將這四點堅持下去，你會慢慢發現，你離優秀越來越近了。

重點輕複習

將重心從結交貴人轉移到提升自己。

那些只忙著結交貴人，而不努力提升自己的人，能力大都一般，他們在社交中，只能扮演一個低效的「索取者」角色，而且不可能成為優秀的人。

跳出「弱者閉環」。

很多人害怕被群體拋棄，畏懼一個人去奮鬥，便功利地投身於群體中，時間久了，都不知道自己能做什麼，而且越來越迷茫，越來越依賴別人，從而陷入嚴重的無效社交中。不想形成這種惡性循環，就必須跳出這種「弱者閉環」。

良好的溝通能力能獲得認同感。

良好的溝通能力是可以打動他人的。你在表達自己觀點的同時，還能獲得認同感。這種認同感可以給人奮發的動力，也可激勵人更上一層樓，更可帶動團隊的主動性。

為自己尋找人生導師。

如果在人生的道路上，你為自己找到一位人生導師，那就會少走很多冤枉路。

向人生導師學習，就等於為自己插上翅膀，會飛得更高更遠。

自律的養成需要大量的時間成本。

自律的養成非一蹴可幾。很多事情只做一次很容易，但是堅持下來卻很難，例如一個月早睡早起很簡單，但要持續十年可能就沒辦法。如果我們把每一件該做的小事都堅持下去，又怎會培養不出自律的習慣呢？

向高層次的人看齊。

什麼是高層次的人？最重要的判斷標準是格局。有人說：「一流的朋友談夢想，二流的朋友談事業，三流的朋友談事情，四流的朋友談是非。」我們要和一流的朋友多接觸，向他們看齊。

生活是在不停變化的。

我們的生活是在不停變化的，無論你多麼習慣當前的環境，都應該有努力適應變化的勇氣和信心。

無論處於何種困境，請保持樂觀。

樂觀是一種難得的特質，它能讓你忘卻煩惱，自信滿滿。你只要擁有這種心態，就不會缺乏走出困境的勇氣，因為樂觀讓你堅信自己終究會成功。

後記

本書中我和大家分享的主要內容有兩點：一是如何對我們既有的朋友圈進行優化，「去蕪存菁」；二是如何結識「對的人」，建設優質的朋友圈。學習並運用這些內容，能讓我們在生活和工作中少走很多冤枉路。

我們要理性地審視在生命中出現的人，即使他們對你很重要，或地位很高、財富很多，也不代表他們適合留在你的圈子內。如果你們之間的互動缺乏效能，就要毫不猶豫地將其刪除。

我曾經希望有一股神祕的力量，可以為我打開一扇門，將一些夢想結識的優秀人物帶到我身邊，提升我的社交圈子，並為我提供夢寐以求的資源。我渴望有一天，能不費吹灰之力實現這個目標，但後來才發現，我並不清楚什麼對我來說才是合適的。

就像凱利教授在哈佛大學的一次演講中所說：「我們都是追夢人，對生活、事業和社交，都有著完美的想像。最初的藍圖總是美好而天真的，做任何事我們都渴望成功，交友也是如此。但現實會告訴我們，好的想法不一定行得通，一個符合實際的想法，才是讓人從中成長受益的保證。從幼稚到成熟，我們總要摔很多跤，這也和與人相處的範疇有關。」

現在，我學會在社交中保持足夠的內斂。從二十五歲起，我就開始期望只認識「合適的人」，同時篩除那些「不合適的人」，我從不無條件地歡迎別人進入我的社交之門。對於今天的我們來說，一個不懂得「斷捨離」的人，也很難辨別哪些是自己應該結識的人。從本書中，我們要學會、理解和執行三個「不要」。

第一，不要浪費時間結交錯誤的人。每個人的時間都是寶貴的，沒人在時間上比別人更富有。因此，別浪費時間去結交「錯誤的人」。

這裡的「錯誤」與財富的多寡、地位的高低無關，他們也許是重要人士，也許是富豪大亨，和他們交往可能會讓你很有面子，但未必能匹配你的需求。在結交朋友的時候，我們只有放棄功利的原則，才能越過表象，找到真正與自己契合的人。

第二，不要固守在自己的圈子和領域裡。保持學習的動力和對知識的好奇心，讓自己擁有旺盛的求知慾。

讀完本書後，你可以適當地接觸一些自己較為陌生的領域，了解其他行業的知識，拓寬視野。如果仍很呆板地固守在一個很小的領域裡，那就很難建立多層次的人際關係。在當今複雜的社會中，只具備自己工作領域的知識和技能，是遠遠不夠的。如果不去了解其他領域，人就無法成長。

第三，不要阻礙自己心胸和視野的擴張。一個心胸和視野狹隘的人，是無法交到高品質朋友的，而且還容易進入一種重複、低效的社交模式。如果我們不能擴大自己的視野、開闊個人的心胸，就很難從社交中獲得豐富的給養和生活的頓悟，也就不可能成為一個有魅力的人。

我有一個朋友住在深圳，腦子靈活，能力超強，凡事看得開。在十八歲的時候，由於家庭原因輟學去做生意。他白手起家，不到十年，便坐擁十億資產。作為一個背景、財富、學歷均為零的典型「三無」人員，他是如何實現這一目標的？答案就是他善於對自己的朋友圈進行管理。

他認為，朋友能給自己帶來的最大資產就是時間，而時間的價值表現在人的「互動效能」上。這是一個很新鮮的名詞——你不重要，我不重要，兩個人加在一起也不重要，但加在一起後的互動很重要。

他認識的朋友，都可以給他的時間效能帶來正向增長，相互促進。他給我看他的通訊錄，訴說十年前身無分文時，裡頭有一千人，現在身家十億，卻剩不到兩百人。這兩百人對他的工作和生活所帶來的效能，遠遠超過過去的一千人。

社交與人生效能的關係是什麼？社交是一門與人相關的學問，乃幫助我們理解世界的鑰匙。透過社交升級來提高人生效能，就需要對社交人數、圈層、聯絡人等做必要的精簡，增加對「單一聯絡人」的時間和精力之投入，而不是和所有人進行淺嘗輒止的無效社交。

最基本的工作就是「斷捨離」。在本書中，我們圍繞這個主題進行了詳細的闡述分析，和大家一起探討，如何才能高效地對朋友圈進行精簡，以實現社交升級。

在談到這個話題時，人們往往會有一個迷思：對人際關係進行「斷捨離」，是不是把那些不經常聯絡的人刪掉就可以了？刪掉聯絡人、退出社交帳號等方式僅僅是第一步。這些事情我們每天都在做，談不上是在「斷捨離」。最重要的是，要對自己的社交關係進行管理，為未來制訂有效的社交策略，並將社交融入生活、事業、情感以及其他方面。

雖然現在已是網路時代，手機已經可以做很多事，但社交仍是一個永不過時的話題。本書講的不僅僅是如何社交，還教導大家怎樣從社交中受益。每個人都需要幫自己制訂一張「社交損益表」：

（1）我們對社交投入了什麼？

（2）我們從社交中收穫了什麼？

（3）我們的社交得失是否平衡？

要建立自己的社交損益表，理性、節制、有規畫地完成社交升級。這樣做不是為了認識更多、更高品質的人，而是要對社交狀況進行統計和量化管理，清除不需要的關係，避免社交損耗，促進生活、工作、思想以及其他方面的進步和成長。

最後，衷心希望本書能在幫你釐清社交障礙、總結社交中的不足，以及制訂更有效率的計畫的同時，成為你「相知無遠近」的朋友，這是我對此書最大的期望。

附錄

減輕社交負擔的三十三個有效原則

1 現在就開始——付諸行動

「斷捨離」能否生效，取決於是否立刻開始行動，如從刪掉第一個不再有交集的聯絡人開始。不是未來的「下一秒」，而是當前的「這一秒」，拿起手機打開通訊錄，立刻行動，去除多餘的負擔。

2 不斷地再選擇——培育我們的「選擇力」

減輕社交負擔絕不是一次性的動作，它會衍生出很多副產品，其中就包括「選擇力」。在「斷捨離」時，我們面臨的是，對自己擁有的人脈，和外部潛在社會關係不斷選擇的過程，「選擇」的標準，會根據人生階段和社交需求的不同，而有所差異。

3 以「自我」為中心——滿足自我需求

減輕社交負擔的基礎原則，就是以「自我」為中心，以「當下」為原點：第一，滿足自我的需求；第二，在當下的環境中進行判斷和選擇。在考慮一個聯絡人是否該刪除時，思考的主語應該是「我」，而不是「聯絡人」；思考的時間首先是當下，其次才是未來。未來誰也不確定，我們能夠把握的唯有當下。

4 最徹底的一步——只保留「部分死黨」

假如不清楚如何細緻無誤地整理聯絡人，可以先採取「一刀切」的方式，選擇只保留死黨，然後再根據需要做加法。雖然免不了有誤傷，但這是一條捷徑，就像清理電腦一樣，只保留C槽裡的作業系統，其他則全部清空之後，再慢慢增加內容，以達到精簡的目的。

5 我想得到什麼——根據「目的」選擇不同的策略

一定要考慮一下：「我想透過減輕社交負擔得到什麼？」這是在確認目的為何。一旦目的明確，動力就會隨之增加。你可以根據自己的目的，選擇針對性的策略，避免浪費時間。

6 最簡單的標準——從「怎麼看都無意義」的聯絡人開始

最開始的標準一定要簡單，避免複雜化。例如，翻開通訊錄，只思考「是否需要」

就行了。如果一個名字（聯絡人）怎麼看都沒有意義，那就果斷地刪除，不用再三考慮。

7 必要的告別——刪除的時候要說「對不起」和「謝謝」

在刪除不再有交集的聯絡人時，向他們說一句「對不起」和「謝謝」。做一次鄭重的告別，可以讓「斷捨離」更為嚴肅和徹底。

8 遵循總量限制原則——永遠只有五個最好的朋友

總量限制原則有兩個要求：一、最好的朋友（核心圈子）不要超過五個；二、我們對核心圈子的人要進行嚴格篩選，但同時他們也是可被替代的。

9 保持三種原則——自立、自由和自在

在社交中，我們要保持自立、自由、自在，不能為了得到他人在生活或工作上的一點幫助，而放棄原則，低三下四。原則，既是一個人的尊嚴，也是做人的底線。放棄原則，我們非但不能自立，還會淪為他人的傀儡，失去選擇、思想、表達的自由，更不能自在地生活、工作。這樣的社交，何意義之有？

10 從必需的角度看人脈——為自己建立實用的關係網

只有對當下的自己來說，是必需且匹配的人脈，才能留在通訊錄內。「必需」的標準是可以互相提供幫助，「匹配」的標準是價值觀一致。兩者合而為一，就是實用的關係。

11 確認界限——奪回被無效社交占據的時間和資源

減輕社交負擔的主要目標，就是奪回被無效社交占據的時間和資源。確立一個社交界限，先診斷出無效社交，從你身上掠奪走多少時間和資源，再經由進一步篩選、刪除來實現「斷捨離」的目標。

12 磨練精確的判斷力——你需要採取什麼行動

「斷」、「捨」、「離」都需要判斷，判斷之後，才能做出正確的選擇和行動。要不斷地思考自己的狀態，分析自己的需求，審視當前的人脈關係，反思在社交中的不足，再決定採取什麼行動。判斷和行動同時進行，別想好了再做，要邊想邊做。

13 正確的位置——不以自我為中心

在社交中，不管是誰，都要擺正自己的位置，切不可以自我為中心，對他人過分要求。你提的觀點，對方必須接受；你有困難，對方必須幫忙；你做的事，對方必須贊成……對方事事都得遂你的願，稍有不同意見，你便不開心，懷疑他背叛了你。這不是社交，而是自私。自私的人，路會越走越窄。

14 消除戀舊情結——從昨天走出來

有人說，戀舊的人是珍惜過去的友誼，迷戀用過的物品，停留在昨天的人。然而，世界是不斷在變化的，人要發展、成長，就離不開取捨。時過境遷，有些友誼可能會褪色，有些物品可能再也用不著。一個人只有放下該放下的，珍惜該珍惜的，才能揮別昨天，走得更遠。

15 清除通往未來的障礙——不需擔憂不確定性

我們時常擔憂未來，總覺得它有種種不確定性，因而留著許多人的聯繫方式，並且和他們保持頻繁的交往，以備不時之需。人一旦對未來胡思亂想，就會過量囤積資源，包括物品、人脈等，清空這些，會讓人感到困擾和焦慮不安，彷彿未來沒有保障。

要改變這種思維，未來是由今天的努力決定的，對今天「斷捨離」才是對未來的建設。

16 改變習慣——壞習慣是減輕社交負擔最大的障礙

要做到「斷捨離」，最重要的還是改正平日的壞習慣，因為壞習慣是減輕社交負擔最大的障礙。對於一個喜歡將通訊錄填滿陌生電話號碼的人來說，如果不思改變，他的朋友圈永遠無法「瘦身」。

17 找回對自己的信任——做出堅定的選擇

一個人之所以會有「說不定以後需要這個人」的想法，大多是源自沒有自信心，他不相信僅憑自己就能解決問題，反而認為別人可以更完美地幫他搞定。想要改變這種想法，首先要重建對自己的信任。越自信，做選擇就越堅定，也越正確。

18 設立一個新規則——由減分法變成加分法

為減輕社交負擔設置「加法」制度——每清除一位不再有交集的聯絡人，就給自己加一分。你也可以設置加分的上限，確保自己不會為了獲得分數，而去清除那些交往甚密的朋友。

19 建立一百人名單——保留核心圈和關鍵朋友

無論如何「斷捨離」，核心圈和關鍵朋友都是不能動的部分。因此，你可以建立一張「一百人名單」。這是為朋友圈準備的，把你所有朋友的名字列出來，根據他們在你人生中所占的位置，來判定他們與你的親疏關係，然後分別歸入六個同心圓中。

你會看到，排在最內層的，就是核心圈和關鍵朋友，他們是不可割捨的人脈；排在中間的是普通朋友、工作盟友或支持者，你和他們可能不熟，但他們仍然能在你需要的時候，為你提供幫助；排在最外層的，是點頭之交或普通客戶，是可以優先清理的對象。

在開始清理之前，要從外到內分析這些不同位置的人，有的人可以放到最內層，有的人則可以被調整至最外層，位置並不是固定不變的。

20 我的目標是什麼——要達成目標「只需要」認識什麼人

我們要仔細思考自己的目標是什麼。舉例來說，假如你想從事體育工作，就不能只是抱有「我想成為一名體育人」這麼簡單的想法，而是要具體到「我要在體育界做什麼工作」。你想成為運動員、裁判、教練、俱樂部投資者、管理者，還是運動營養專家？只有確定具體的工作類型，才算找到最終目標。這時你就會知道，在達成目標的過程中，需要認識哪些人，不需要認識哪些人。

21 價值交換——我可以為優秀的人提供什麼樣的幫助

沒有價值就沒有人脈，這是亙古不變的道理。你想讓優秀的人留在自己的朋友圈，就要主動進行價值交換，懂得為優秀的人提供幫助，而不是一味向他們尋求幫助。你要有計畫地提升自己的價值，然後再設法展示出來。

22 創造好的感覺——舒適感是優質關係的基本保障

不論相處、聊天還是業務合作，都要想辦法讓自己在不同的人際關係中，創造一種舒適感，哪怕是普通的電話交流。舒適感是優質關係的基礎，因為每個人都想在社交中獲得舒適的體驗。

23 享受孤獨——如果不接受孤獨的價值，就無法真正為社交減輕負擔

對人類來說，正視孤獨已經很難了，享受孤獨則更難。但唯有享受孤獨，才能正視自己內心的需求。要學會和自己相處，調節好內心的情緒，才能更有同理心地

去理解別人的想法。當接受並愛上孤獨時，便再也不會為了迎合別人而改變自己。只有學會享受孤獨，才能放下心中的負擔，做到真正的減輕社交負擔。

24 積極自律——意志力是「斷捨離」的保證

自律是意志力的展現，是取得驚人成就的必備素質。它不是由外部環境決定，而是由自我約束能力達成的。但這種能力並非天生，而是需要經過不斷磨練、鞏固和提升才能具備。很多擁有健康人際關係的成功者，都經歷從他律到自律的過程。他律受環境的影響，受其他人的操控；自律則完全由自己做主，不受其他人左右。

25 學會說「我不知道」——擋掉所有無關資訊

當有人問「嘿，你知道……嗎？」的時候，你的第一個反應是什麼？會因為自己不知道而羞愧，並立刻去了解嗎？還是把它當成新的資訊，來加強和朋友的聯繫？不管你會不會這麼做，我都建議你在遇到這種情況時，要好好想一想。如果這些事情與你沒有關聯，那麼最好不要花費精力在上面，而是把它當成一種無關資訊，行使自己的「不知情權」。

26 要有所保留——不要把好事一次做盡

人和人之間理應保持適當的距離，這是社交的「美感之源」，請記得為自己的好心及親近之心留一點空間。譬如，一個只有一面之緣的異性朋友向你求助，你不必毫無保留地將事情一次做盡，不要成為一個百分之百的責任者。你介入太多，反而會讓對方產生壓力；如果你經常這麼做，只會使雙方的關係越來越僵。尊重對方的獨立性，可以為你創造一個進退自如的社交空間。

27 敢於示弱——贏得別人的理解和同情

示弱在社交中能產生特殊的效果。優秀的人通常敢公開承認自己的缺點和不足，適當地向別人展示自己「技不如人」的一面，而不是一味地逞強。因為示弱可以給人留下真誠、謙卑的印象，也容易獲得別人的理解和同情。懂得適時示弱的人，都是生活的強者，是我們要結交的對象。

28 營造親和力——主動曝光自己的失敗史

親和力源自人的謙卑，而謙卑的人願意暴露自己的短處。馬雲有一項著名的理論：高情商都是倒楣出來的。假如你能向朋友適時揭露自己的失敗史，就會更有親和力。有一個很值得注意的現象就是，優秀的人更願意結交經歷過風雨、有著滄桑過去的人。從失敗中走出來的人更成熟，也擁有更優質的社交資源。越是成功者，就越願意結交這樣的人。

29 三分感性，十分理智——感性做判斷，理智「斷捨離」

「斷捨離」在執行中需要藉助兩種工具：一是感性，二是理智。用三分的感性和十分的理智，與那些優秀的人建立聯繫，更好地掌控自己的朋友圈，保證自己總能和一些優秀的人在一起，形成一個優質的社交圈子。

30 盡可能締結優質的關係——維持朋友的品質而非數量

要在朋友的數量上做減法，在品質上做加法。也就是說，朋友的能力、知識、職位、收入和地位越高，你的收益就可能越多。有人說：「如果想知道自己究竟值多少錢，就找出身邊最要好的三個朋友，計算一下他們收入的平均值，差不多就是你能獲得的收入。」這也是我們減輕社交負擔的目標之一，要結交高品質的朋友，因為他們會對我們產生積極的影響。

31 要有智囊團意識——讓朋友成為我們的智囊團

每個高效能人士都有一個智囊團，以便遇到問題時向他們請益。一定要找到那些願意為你盡心盡力、提供幫助、出謀劃策的人，從他們那裡得到的建議和思路，將比他們能給你的財物支持更為珍貴。

32 停止在朋友圈加新人——開發已有的人脈資源

人們總是習慣不斷地交朋友，以此來壯大自己的朋友圈。這種做法其實是錯誤的。正確的是著眼於已經結識的人，對他們進行深入的了解，和他們在心靈、生活和工作中進行交流。如果你總是不停地為朋友圈加入新人，就沒有過多的精力開發已有的人脈資源。

33 確保人脈廣而精——結識各個領域的精英

結識人脈，除了深而精，我們還需要廣而精。你是否認識數以萬計的人並不重要，你否認識不同領域的精英才重要。別在意朋友的數量，要看看他們在各自的領域處於什麼位置，是不是出類拔萃的人。「廣而精」是實現高效能社交的核心原則，也是減輕社交負擔的終極目標。

國家圖書館出版品預行編目 (CIP) 資料

隨時說再見，隨時再相見：學會斷捨離，開啟相互享受而不相互拖累的交友人生 / 李維文著 . -- 初版 . -- 新北市：幸福文化，2020.06
面； 公分 . -- (富能量；4)
ISBN 978-957-8683-96-9(平裝)

1. 人際關係 2. 社交 3. 生活指導

177.3 109005634

富能量 004

隨時說再見，隨時再相見

學會斷捨離，開啟相互享受而不相互拖累的交友人生

作　　者：李維文
責任編輯：梁淑玲
文字整理：羅煥耿
封面設計：白日設計
內文排版：王氏研創藝術中心
印　　務：黃禮賢、李孟儒

出版總監：黃文慧
副 總 編：梁淑玲、林麗文
主　　編：蕭歆儀、黃佳燕、賴秉薇
行銷總監：祝子慧
行銷企劃：林彥伶、朱妍靜

社　　長：郭重興
發行人兼出版總監：曾大福
出　　版：幸福文化／遠足文化事業股份有限公司
地　　址：231 新北市新店區民權路 108-1 號 8 樓
網　　址：https://www.facebook.com/happinessbookrep/
電　　話：(02) 2218-1417
傳　　真：(02) 2218-8057

發　　行：遠足文化事業股份有限公司
地　　址：231 新北市新店區民權路 108-2 號 9 樓
電　　話：(02) 2218-1417
傳　　真：(02) 2218-1142
電　　郵：service@bookrep.com.tw
郵撥帳號：19504465
客服電話：0800-221-029
網　　址：www.bookrep.com.tw

法律顧問：華洋法律事務所 蘇文生律師
印　　刷：通南彩色印刷有限公司

初版一刷：2020 年 6 月
定　　價：340 元

原簡體中文版：社交減負：快速清理無效的人際關係　李維文 著